HISTOIRE

DU PARLEMENT

D'ANGLETERRE.

PREMIERE PARTIE.

HISTOIRE

DU PARLEMENT

D'ANGLETERRE.

Par M. l'Abbé RAYNAL.

Nouvelle Edition, revue, corrigée &
augmentée.

PREMIERE PARTIE.

A LONDRES.

M. DCC. LI.

AVERTISSEMENT DE L'AUTEUR.

J'Ai publié il y a quelques mois en deux volumes *in*-8°. une cinquieme édition de mon Hiſtoire du Stadhouderat. Cet Ouvrage n'eſt pas ſans doute encore ce qu'il pourroit être, mais il a acquis le degré de perfection que j'étois capable de

AVERTISSEMENT.

lui donner. On ne fera pas ſi content des changemens qu'on trouvera dans l'Hiſtoire du Parlement d'Angleterre. Les recherches que j'ai faites ne m'ont pas donné beaucoup de nouvelles lumieres, & je ne me trouve pas malheureuſement aſſez de talent pour profiter de tous les conſeils que des Cenſeurs polis & judicieux m'ont donnés. J'aurois pû, il eſt vrai, adoucir trois ou quatre

traits que quelques Criti-
ques ont trouvés hardis :
mais la vérité de l'hiſtoire
ne me l'a pas permis. Le
reſpect qu'on doit à une
Religion auſſi évidemment
divine que l'eſt la nôtre,
peut ſe concilier très-bien,
& je crois l'avoir fait, avec
le courage de blamer les
paſſions de ſes Miniſtres
lorſque cela eſt néceſſaire.
On s'eſt partagé, à ce qu'il
m'a paru, ſur la maniere
dont j'écrivois l'Hiſtoire.

AVERTISSEMENT.

Le public aura bientôt la preuve des efforts que je fais pour réunir les sentimens.

TABLE
DES MATIERES.
PREMIERE PARTIE.

TABLE.

Fin de la Table.

INTRODUÇ:

INTRODUCTION

A

L'HISTOIRE

DU PARLEMENT

D'ANGLETERRE.

L'ANGLETERRE ſi célebre aujourd'hui, eſt la derniere Contrée
de l'Europe qui ait commencé à
devenir célebre. Elle fut connue
d'abord ſous le nom d'Albion, &
dans la ſuite ſous celui de Bretagne.
La conjecture n'a rien oſé haſarder
ſur le premier ; elle s'eſt inutilement épuiſée ſur l'autre. On ignore
également l'origine de ſes Fonda-

A

teurs & de ſes premiers Conquérans. L'Hiſtoire ne nous a conſervé
des uns que leur nom, & des autres que fort peu d'uſages.

On ſait ſeulement que les Bretons formoient un Peuple nombreux & actif. La liberté qui depuis
a changé d'objet dans cette Iſle,
conſiſtoit alors à vivre ſans police
& preſque ſans lien. La chaſſe faiſoit les délices de cette Nation,
comme de toutes les ſociétés dont
la politique n'a pas adouci les
mœurs. Le Commerce avec l'E-
tranger attiroit ſur les Côtes tout
ce qui ſe ſentoit le plus d'induſtrie,
ou qui avoit le plus d'ambition:
on y voyoit plus d'humanité que
dans l'intérieur des terres, parce
qu'on traitoit avec les Gaulois que
les Colonies Romaines y dé-

jà civilifés. Il eft certain que ces Peuples formoient diverfes Tribus gouvernées par des Chefs diffé-rens : mais on ignore fi l'honneur du commandement étoit l'apana-ge de la naiffance ou la récompen-fe de la vertu. Lorfqu'un danger preffant menaçoit l'Ifle entiere, on choififfoit dans une affemblée gé-nérale celui qui devoit conduire les forces réunies de la confédéra-tion : les femmes étoient admifes à ces fonctions pénibles & brillantes, lorfque la fupériorité des talens leur donnoit des droits. Les armes ordinaires étoient de petits bou-cliers & de larges épées ; ce qui an-nonçoit un Peuple ambitieux & intrépide, plus fait pour la guerre offenfive que pour la défenfive. Des Prêtres connus fous le nom de Druides, avoient aſſervi cette Nation aveugle & ſuperſtitieuſe : des auſtérités réelles ou apparentes, un ton d'oracle, quelques dogmes myſtérieux, les avoient rendu arbitres ſouverains & indépendans des affaires publiques & particulieres. Un uſage également inconnu dans les Contrées polies, & dans les barbares, acheve de peindre cette Nation.

Les Bretons, comme les autres hommes, épouſoient des femmes : mais en ſe les attachant, ils ne les raviſſoient pas à la multitude. Ils regardoient comme un larcin dangereux cet eſprit de propriété qui s'eſt trouvé du goût de tant d'autres Peuples. Quelques Dames Romaines reprochoient à une illuſtre Bretonne cette coûtume comme

également injurieuſe aux deux ſexes : *Nous faiſons ouvertement avec*
les honnêtes gens qui ſont parmi nous,
ce que vous faites en ſecret avec les
derniers des hommes , répondit-elle.

Quoi qu'il en ſoit, les Bretons
qui n'avoient pû acquérir de la réputation par leurs exploits, en acquirent par leur défaite. Le bruit
que fit leur Empire en tombant,
fixa plus les yeux ſur eux, que les
talens qui l'avoient fondé : pour
leur malheur & pour leur honneur,
leurs intérêts commencerent à être
mêlés avec ceux du Peuple vainqueur du monde.

Les habitans de la Grande-Bretagne & ceux des Gaules n'ont pas
été toûjours irréconciliables. Le ſecours que les premiers envoyoient
aux ſeconds contre les Romains ,

détermina le premier Capitaine, &
le plus grand Ecrivain de l'ancienne Rome à paſſer dans leur Iſle.
L'entrepriſe de Céſar augmenta
plutôt la gloire de ſa Patrie, qu'elle
n'en étendit l'Empire. A proprement parler , les Bretons furent
alors reconnus plutôt que ſoûmis.
L'honneur de les ſubjuguer devoit
illuſtrer plus d'un Capitaine ; & la
poſſeſſion de ce bel Etat fut la derniere conquête de la République.

Son joug , quoique dur , ne fut
pas briſé par les Bretons, il tomba
comme de lui-même. Ce que leur
courage ou leur déſeſpoir n'avoit
pû , le haſard ſeul le fit après quatre ſiecles. Rome qui avoit rempli
ſi long-tems l'univers d'effroi, ſe
vit réduite à trembler pour elle-
même. La néceſſité de repouſſer

les Barbares qui la menaçoient, la détermina à abandonner les plus éloignées de ſes Provinces ; & la Grande-Bretagne ne devint libre, que quand il ne convint plus aux Romains de la gouverner.

Les Bretons par leur conduite juſtifierent le mépris du peuple qui les dédaignoit. Ils parurent plus embarraſſés de leur liberté, qu'ils ne l'avoient été de leur eſclavage. Les vices d'un vainqueur corrompu avoient paſſé dans leurs mœurs ; ſes vertus n'avoient pas ſeulement effleuré leur ame. On avoit tout hérité des Romains, excepté leur valeur, leur fermeté, leur grandeur d'ame.

Cette humiliante diſpoſition ne fut pas long - tems ignorée dans la partie ſeptentrionale de l'Iſle ,

qu'on nomme aujourd'hui Ecosse.
Les Pictes & les Caledoniens qui
habitoient ces affreux climats, faifirent cette occasion pour se procurer un séjour plus agréable que
leurs montagnes. Des Peuples féroces, que l'Aigle Romaine avoit
quelquefois battus, mais jamais
domptés, trouverent peu de résif-
tance dans ses Esclaves. Les Provinces méridionales furent la proie,
& seroient sans doute devenues
l'héritage de ces Barbares, si elles
n'avoient eu de défenseurs que
leurs habitans.

Les Bretons vouloient conserver
leur Pays, réparer leurs pertes, &
se venger. Ils crurent avoir assez
fait, en formant un si beau projet;
la gloire de l'exécution fut confiée
à des mains plus vaillantes, plus

habiles & plus heureuſes. Deux Peuples connus ſous le nom d'Anglo-Saxons & liés inſéparablement d'intérêts, s'étoient rendus célebres dans l'Allemagne par leurs victoires, & dans la Bretagne par leurs deſcentes. Les Bretons implorerent lâchement une valeur qu'ils avoient ſouvent redoutée ; & les Saxons écouterent avec plaiſir des ſupplications, qui favoriſoient le projet d'établiſſement qu'ils avoient formé. Hengiſt, à qui il n'a manqué qu'un autre théatre ou un autre ſiecle pour avoir la réputation des plus grands Héros, fut mis à la tête du ſecours Saxon. Il remplit heureuſement le double objet de ſa commiſſion : les ennemis furent défaits par ſa valeur, & les alliés ſéduits par ſon adreſſe. Avec ce courage impétueux, auquel rien ne réfistoit, il avoit un air de franchife qui prévenoit toute défiance. En forgeant des fers aux Bretons, il leur perfuada que le foin de leur gloire & de leur falut partageoit fes veilles. A force de foins, de careffes, de ménagemens, il les mena infenfiblement à fon but ; ils appellerent de nouveaux Saxons dans leur Ifle.

Rien ne prouve mieux que cette conduite, l'afcendant des grands génies fur les efprits foibles, de la politique fur la fimplicité, des lumieres fur l'ignorance. Les Bretons aveuglés par un homme adroit, ne fe douterent pas feulement qu'il pût leur tendre un piége : éblouïs des avantages du parti qu'on leur propofoit, ils n'en virent pas les

inconvéniens. Ils ne soupçonnerent
jamais que leurs protecteurs alloient
devenir leurs tyrans ; & il fallut
que l'évenement les désabusât. En
effet, les Saxons fortifiés mirent
leur secours à un trop haut prix :
les Bretons indignés avilirent trop
ces services. Des prétentions si op-
posées aigrirent les deux Nations,
& furent l'origine d'une guerre
longue & sanglante, dont les évenemens ne paroissoient pas douteux.

Les Saxons étoient braves, aguer-
ris, conduits par de grands Capi-
taines : les Bretons manquoient de
Chefs, de valeur, d'expérience.
Les premiers voyoient régner parmi eux cette union parfaite qui as-
sûre les plus grands succès : les se-
conds toûjours en proie à leurs

divisions domestiques tournoient les uns contre les autres le peu qui leur restoit de forces. Les uns recevoient continuellement des renforts, qui faisoient plus que réparer leurs pertes, les autres voyoient tous les jours s'exiler bien des Citoyens, dont l'éloignement affoiblissoit la Patrie; les étrangers n'imaginoient de ressource que dans la victoire; & ils la fixerent: les naturels du pays en virent malheureusement dans la soûmission; & ils se soûmirent.

Il est humiliant pour les Conquérans qu'ils aient accéléré cet évenement par des trahisons. Les deux Peuples qui étoient en guerre ayant convenu d'une suspension d'armes, trois cens des principaux de chaque Parti, s'assemblerent dans une vafte plaine pour chercher des moyens d'accommodement. Les intérêts oppofés étoient difcutés avec force & avec chaleur, lorfque les Anglo-Saxons jetterent dans la conférence de ces difcours infultans qui ne manquent jamais d'aigrir ceux auxquels ils font adreffés. Les Bretons ayant laiffé éclater le reffentiment qu'ils avoient d'une telle injure, fevirent tous accablés par des ennemis perfides qui avoient prévû ce mécontentement, & qui s'y étoient préparés. Une partie de la Nation découragée par la perte de fes Chefs, alla au-devant du joug ; le refte prit la réfolution de périr ou de conferver fa liberté.

Ambrofius & Arthur qui régnerent fucceffivement fur ces généreux Bretons les affermirent dans ces fentimens. Ces deux grands Princes joignoient le talent de gouverner à celui de combattre, la rufe à la force, une douceur qui leur gagnoit le cœur de leurs Sujets à une audace qui les faifoit craindre de leurs ennemis : ils arrêterent les progrès des Conquérans, & les battirent même plus d'une fois. Malheureufement ils ne laifferent point de fucceffeurs. La mort du dernier, dont les Romans ont obfcurci la gloire en voulant l'augmenter, fut fuivie d'une efpece d'Anarchie : fes premiers Sujets partagerent fes Etats, & joüirent en tyrans de l'autorité qu'ils avoient ufurpée.

Conftantin flétri par les débauches de fa jeuneffe couloit fes derniers ans dans l'inaction& dans le

mépris. Aurelius Conanus qui s'é-
toit baigné dans le fang de fes proches, paroiffoit toûjours altéré de
celui des étrangers. Vortiper méprifoit ouvertement la Religion, &
perfécutoit avec fureur fes Pontifes. Cuniglas comptoit fes jours
par fes crimes, & avoit introduit
l'opprobre ou le deuil dans prefque toutes les maifons. Maglon
s'approprioit les richeffes qu'on
laiffoit voir, & imaginoit des tor-
tures pour découvrir les thréfors
qu'on ne montroit point.

La décadence d'un Etat gouverné par de tels monftres eft toûjours
infaillible. La révolution qui finit
la domination des Bretons fut auffi
fubite & auffi entiere qu'elle pouvoit l'être. Sept Royaumes Anglo-
Saxons fe formerent des ruines d,

Pays conquis. La Bretagne perdit tout jufqu'à fon nom, qui fut changé en celui d'Angleterre. L'ambizion avoit projetté cette conquête, l'adreffe la prépara, la valeur l'entama, la perfidie la continua, la cruauté la finit, les précautions l'affûrerent. Comme c'eft au Gouvernement qui s'établit alors dans leur Ifle, que les Anglois rapportent l'origine de leur Parlement, il faut tâcher d'éclaircir ce qui n'a pas encore été affez démêlé dans l'Hiftoire.

Les Romains qui avoient fubjugué le monde par leur valeur, en perdirent l'empire par leurs vices. Des maximes héroïques en avoient fait un peuple de conquérans, des maximes tyranniques les dégraderent. Lorfque l'univers foûmis ne fournit plus d'exercice à leur valeur, ils tournerent leurs armes contre la Patrie. Rome dans ſes Généraux ne trouva plus que des ennemis Les Citoyens oubliant la dignité de leur caractere, ſe vendirent aux ambitieux qui voulurent les acheter ; & des hommes qui, juſqu'alors avoient regardé comme indifférent de vivre, s'ils ne vivoient pas pour régner, préférerent de ſang froid l'eſclavage aux charmes de la liberté. Agité par ces violentes ſecouſſes, l'empire ne pouvoit durer : mais on ne ſoupçonnoit pas que ſes deſtructeurs ſeroient des peuples obſcurs . inconnus juſqu'alors ſur la ſcene du monde.

Les Barbares qui habitoient le Nord, ſe répandirent comme un torrent ſur le Rhin , & enſuite dans d'autres Contrées. La témérité qui a preſque toûjours détruit les Empires , les a preſque toûjours fondés. Si ces nouveaux Conquérans n'euſſent été que braves , on n'auroit pas déſeſpéré de leur reſiſter ; ils furent téméraires & jetterent par-là un éclat qui les fit croire invincibles. Fixés par la terreur ou par la victoire dans les plus belles Provinces de l'Europe, ces brigands y porterent leurs mœurs. Sans principes de ſociété & de police, ils ne connoiſſoient de droit que celui du plus fort. Leur Chef n'étoit proprement que le Général de leurs armées , & leur gouvernement qu'un pouvoir militaire, qu'il n'eſt pas aiſé de bien définir. Ils n'eurent jamais de lois, ou elles étoient im-

punément violées, parce que perfonne n'avoit affez d'autorité pour
les maintenir. Les fautes du foldat
étoient quelquefois punies ; celles
du citoyen étoient affûrées de l'impunité.

Il s'eft trouvé des vainqueurs affez modérés pour fe foûmettre aux
ufages des Peuples qu'ils avoient
foûmis, lorfqu'ils les croyoient plus
favorables à l'utilité publique. Les
Anglo - Saxons fuivirent d'autres
principes. Au titre de conquérans,
ils furent jaloux de joindre celui de
légiflateurs. A un fceptre de fer ils
ajoûterent un gouvernement vicieux : à peu de chofe près, ils porterent dans leurs conquêtes, les
coûtumes reçûes dans leur ancienne Patrie.

Leurs Chefs qui n'avoient en

'Allemagne que le titre de Général prirent celui de Roi. La plus commune opinion & la mieux fondée eſt que ce changement de nom n'influa point dans le gouvernement. Des Ecrivains courtiſans & flatteurs ont prétendu que le droit de conquête donnoit à ces premiers Rois une autorité ſans bornes : cela ne pouvoit être vrai tout au plus qu'à l'égard des Bretons dont il ne reſta dans le pays qu'un très-petit nombre ; il eſt contre toute vraiſſemblance que les Anglo-Saxons en devenant Conquérans aient perdu leurs droits & leur liberté.

En recueillant avec ſoin tout ce qui ſe trouve diſperſé dans les monumens anciens, on trouve que le Souverain conféroit les Charges

civiles & militaires, & qu'il en dé-
pouilloit à son gré les Magistrats &
les Généraux. Il pouvoit remettre
les punitions que les Loix ont dé-
cernées contre le crime : mais ce
pardon n'empêchoit pas que la Partie offensée ne pût demander une
satisfaction civile pour le dommage
qu'elle avoit reçu. On ne con-
testoit pas au Prince le droit de
faire battre monnoie & de le con-
férer à qui il vouloit ; il n'étoit pas
également le maître de changer les
especes & de les altérer. On doute s'il dépendoit de lui de faire la
guerre : mais il paroît bien prouvé
qu'il ne pouvoit pas seul lever des
taxes pour en soûtenir les frais.

Ce qui manquoit de puissance
aux Rois pour gouverner l'Etat, se
trouvoit dans le *Wittena-Gemot*, ou

affemblée des fages qui repréfen-
toit toute la Nation. Il eft certain
que chacun des fept Royaumes
que fonderent les Anglo-Saxons,
avoit un Wittena - Gemot particulier ; celui des fept Royaumes enfemble, comme ne faifant qu'un
feul corps & un feul Etat n'eft pas
auffi bien prouvé. Cette forme de
gouvernement étoit la feule connue en Europe depuis que les Barbares s'en étoient rendus les maîtres ; je ne vois pas ce que ceux
qui nient l'exiftence des Wittena-
Gemots pourroient répondre de
fpécieux ou de folide à la preuve
empruntée d'un ufage fi général.

Il eft démontré que la grande
nobleffe, ceux qu'on appella depuis Comtes & Barons affiftoient
au Wittena - Gemot. La difficulté

confifte à favoir fi les Députés du peuple y étoient admis, ou s'ils en étoient exclus. Les Membres des Communes n'ont rien négligé pour prouver que le droit dont ils joüif-fent de fe mêler du gouvernement étoit auffi ancien que la Monar-chie ; ils paroiffent perfuadés qu'il feroit dangereux de reconnoître qu'ils le doivent à la conceffion de leurs Souverains, de peur que la même puiffance qu'on fuppoferoit l'avoir accordé, ne penfât à le ré-voquer quand elle en trouveroit une occafion favorable. Cepen-dant leurs efforts n'ont pas été auffi heureux qu'ils l'auroient fouhaité. Comme ils n'ont étayé jufqu'ici leurs prétentions que de témoigna-ges fort équivoques, de quelques expreffions obfcures, de conjectures la plûpart frivoles , ils n'ont réuffi tout au plus qu'à rendre la chofe problèmatique.

A fuppofer ce droit des Communes , le gouvernement des Anglo-Saxons ne fut n Monarchique , ni Ariftocratique , ni Démocratique ; c'étoit un compofé bifarre de tous les trois. Le Roi , les Grands , le Peuple partagerent l'autorité. Des vûes oppofées empêcherent toûjours les trois puiffances de fe réunir. L intérêt perfonnel étoit l'ame de tous les confeils , de toutes les réfolutions , de toutes les entreprifes. Un Gouvernement bon par fa nature étaye la foibleffe du Souverain , & celui là en abufoit ; éteint les guerres civiles , & celui là les allumoit ; unit les différentes parties d'un Etat , & celui-là les divi-

foit. Les Anglo Saxons fe trompe-
rent, en imaginant que leur Police feroit plus parfaite, à mefure
qu'elle feroit plus partagée. L'expérience de tous les tems leur auroit dû apprendre que cette politique, au lieu des avantages des
trois Gouvernemens, n'en raffem-
ble que les inconvéniens. Un tel
équilibre détruifit néceffairement
toute fubordination, & dérangea
toute harmonie.

Peut-être n'étoit-il pas poffible
d'établir alors une Monarchie pu-
re ; les conquérans ni les vaincus
n'avoient pas apparemment la douceur des mœurs qu'exige ce genre
de domination. Mais fi leurs Chefs
avoient été plus éclairés, ils auroient fenti qu'il falloit néceffairement qu'une des trois Puiffances

dominât, & que les deux autres devoient être deſtinées à tempérer ſon autorité.

Ce ſyſtème, ou ſi l'on veut, cette confuſion de politique dura fort long tems, malgré les diſſenſions funeſtes qui partagerent les Anglo-Saxons. Ils ſe virent à peine poſſeſſeurs paiſibles de leurs conquêtes, qu'ils tournerent leurs armes les uns contre les autres. Les Chefs des différentes dominations qu'on avoit établies, formoient des prétentions oppoſées qui entraînerent une guerre ouverte. Des mariages, des ſucceſſions ; la crainte , la jalouſie , l'orgueil, le mépris ; tout ce qui entretient l'ambition ou qui la fait naître, étoit un ſujet de diviſion entr'eux. Durant plus de deux ſiecles, toutes les parties de l'Angleterre furent teintes du sang de ses nouveaux habitans. Les peuples, instrument à la fois & victime des haines & de l'inquiétude de leurs Souverains, ne se connoissoient que pour se détruire. Les intervalles d'un combat à l'autre étoient employés à former ou à rompre des ligues : & comme on ne connoissoit pas encore ces grands principes de politique qui ont fait depuis la destinée des Empires on s'allioit tantôt avec le plus foible pour le soûtenir, & tantôt avec le plus fort pour n'en être pas accablé. Après plusieurs révolutions la plûpart sanglantes, les sept branches de l'*Heptarchie*, furent réduites à un seul Royaume ; & ce fut Ecbert qui avoit appris de Charlemagne l'art de vaincre & de régner qui vint à bout de ce grand deſſein.

Le ſort de l'Angleterre paroiſſoit fixé par la réunion de tous ſes
Membres en un même Corps politique. A couvert par ſa conſtitu-
tion préſente des guerres intérieu-
res, elle paroiſſoit en état d'accabler les Etrangers qui oſeroient
troubler ſon repos. Ce fut pourtant dans cet inſtant brillant qu'elle ſe vit attaquée. Les Danois qui
rempliſſoient alors l'Europe du
bruit de leurs exploits & de l'horreur de leurs brigandages, y porterent le fer & le feu. Ces nouveaux ennemis s'attacherent avec
tant d'opiniâtreté pendant environ
deux ſiecles à ruiner cette Iſle,
qu'il paroît également étonnant, &
que leur pays ait pû fournir aſſez
de ſoldats pour une guerre ſi lon-

gue, ſi ſanglante , & que l'Angleterre ait pû réſiſter à tant d'aſſauts
redoublés. Lorſque la valeur eſt
égale dans les deux camps , c'eſt
la néceſſité de vaincre qui décide
de la victoire ; cet avantage ou ce
malheur ſe trouva du côté des Danois : ils avoient quatre ennemis à
craindre, la faim , la mer , l'infamie , l'Anglois ; ce dernier leur
parut le moins redoutable : ils en
triompherent ; mais leur regne fut
court ; & ils devinrent bien-tôt les
ſujets de ceux dont ils s'étoient
vûs les maîtres.

Durant tous ces troubles , les
Anglois virent le Gouvernement
de leurs voiſins ſe perfectionner
ſans changer de principes ni de
conduite. Occupés de leurs démêlés particuliers & reſſerrés dans leur

Ifle, ils n'eurent ni le tems d'oublier leurs lois, ni la fageffe d'adopter les idées des autres Peuples. Les révolutions fréquentes qui agiterent l'Etat, & qui firent paffer le Sceptre de leurs mains dans celles des Princes Danois, & repaffer dans les leurs, furent inutiles; l'empire des mêmes lois fut inébranlable. Incapables de plier fous l'infinuation ou fous la force, ces Infulaires s'opiniâtrerent à retenir leur Police. La douceur des mœurs & la fcience du Gouvernement fit moins de progrès parmi eux que chez toutes les autres Nations.

La décadence, la chûte même d'un tel Empire étoit infaillible. Edouard le Confeffeur, Prince plus fimple que politique, plus foible que généreux, plus indolent qu'appliqué, que la légende a placé au nombre des plus grands Saints, & l'hiſtoire parmi les Monarques les plus médiocres, en montant ſur le throne de ſes peres, prépara la révolution. Comme la nature ne lui avoit rien donné de ce qui fait les Héros, les revers qui avoient éprouvé ſa jeuneſſe, ne l'avoient pas rendu grand ; mais ils lui avoient inſpiré celle de toutes les vertus qui eſt peut-être la plus rare ſur le throne, la reconnoiſſance. Forcé par l'uſurpation des Danois à chercher un aſyle hors de ſa Patrie, il trouva auprès de Guillaume le Batard, Duc de Normandie, un accueil brillant, qui devoit toucher un bon cœur, mais qui charma trop une ame commune, &

qui auroit peut - être humilié un cœur généreux. Les Anglois laſſés d'un joug étranger, ou ſeulement par inconſtance, redemanderent le ſang de leurs Rois. Le Comte Godwin qui gouvernoit l'État, & qui vouloit continuer à le gouverner, fit préférer Edouard, dont le caractere aſſùroit ſes vûes. Le nouveau Monarque trompa la confiance de ſon ambitieux Miniſtre. Soit goût, ſoit reconnoiſſance, ſoit habitude, ce Prince remplit ſa Cour de Normands & leur donna toute ſa confiance L'avidité de ces étrangers aigrit le peuple, & leur élévation inſpira de la jalouſie aux Grands Le Comte Godwin & ſon fils Harald ſaiſirent cet inſtant de fermentation pour recouvrer l'autorité qu'ils avoient perdue : ils

pouvoient

pouvoient à leur gré diffiper ou
faire crever l'orage : mais ils n'é-
toient pas affez Citoyens pour facrifier au bien public l'intérêt de
leur grandeur & celui de leur vengeance. La haine violente qu'ils
avoient pour les Normands, & le
zele qu'ils affectoient pour la Patrie, leur procura la confiance de
la Nation : ils s'en fervirent pour
brouiller les Sujets avec le Souverain, & pour mettre toute l'Angleterre en armes. Edouard pouvoit réduire les Mécontens par la
force ; il aima mieux les regagner
par des Traités. Godwin fut en
quelque maniere l'arbitre de la
réconciliation, & l'entiere adminiftration des affaires lui fut rendue. Par cette foibleffe, le Roi
laiffa avilir le Sceptre : mais il

prit des arrangemens pour le faire
paſſer en des mains aſſez habiles
pour lui rendre tout ſon éclat.

PREMIERE ÉPOQUE.

Guillaume premier, furnommé le Batard, & enfuite le Conqué- rant, établit le Defpotifme en Angleterre, 1066.

LA mort d'Edouard laiffa le Thro- ne en proie à l'ambition de trois rivaux, qui avoient tous des avan- tages pour y monter. Edgard y étoit appellé par fa naiffance ; Ha- rald par un parti nombreux ; Guil- laume par le teftament du feu Roi. Le premier defcendoit des Monar- ques du Pays. Le fecond étoit fils d'un Miniftre abfolu qui avoit pré- paré fon élevation. Le troifieme régnoit en Normandie avec beau-

coup de réputation & de dignité.
Edgard fut aifément écarté : le fang
Royal qui couloit dans fes veines
ne pouvoit pas balancer les forces
de fes concurrens. Ils méritoient
tous deux de porter le fceptre. Harald étoit l'homme d'Angleterre le
plus craint, le plus puiffant, le plus
eftimé, & pourtant le plus aimé.
Il avoit de la probité, mais de cette probité que peut avoir un particulier qui afpire au Throne. Les
éloges, les careffes, les bienfaits
ne lui coûtoient rien, quand ils
pouvoient fervir à fon élévation ;
il avoit fi bien donné le change à
fes créatures qu'on le croyoit généreux, au lieu qu'il n'étoit qu'ambitieux. Guillaume étoit né grand,
il s'étoit rendu habile, & il avoit
éprouvé affez fouvent les faveurs

de la fortune pour pouvoir les es-
pérer encore. La tache de sa naif-
sance exposa sa jeuneffe aux trahisons de ses concurrens, aux armes
de ses ennemis, à la révolte de ses
sujets : mais son courage & ses talens s'en déveloperent plutôt, &
brillerent enfuite avec plus d'éclat.
Forcé par les circonftances à exer-
cer continuellement fon courage,
ses forces, fa politique, il eut l'a-
vantage de les augmenter ; l'âge
ne les affoiblit point ; &, ce que
l'Hiftoire a rarement occafion d'obferver, Guillaume n'étoit pas loin
de la vieilleffe, lorfqu'il commença à joüer le rôle de conquérant.

Harald portoit déja la couronne : cette poffeffion lui donnoit un
air de Prince légitime, & ôtoit
les odieufes apparences d'ufurpa-

teur fur quiconque oferoit la lui difputer. Guillaume ne fut pas détourné de fon entreprife par cet obftacle. Une flotte de neuf cens voiles le porta fur les côtes d'Angleterre ; cinquante mille hommes qu'il avoit lui-même formés aux combats le fuivirent. Ayant fait un faux pas en fortant de fon navire, & étant tombé fur fes deux mains, il vit la fuperftition allarmée de ce préfage ; fa préfence d'efprit profita de cet augure ; il s'écria avec une gaieté qui en infpira aux plus timides : *je prens poffeffion de l'Angleterre, elle eft à moi, je la faifis des deux mains.* Après avoir brûlé fes vaiffeaux, afin de ne laiffer aux foldats de reffource que leur courage, Guillaume alla chercher l'ennemi pour profiter de la premiere ardeur des armées , qu'on mene aux conquêtes. Harald auroit mieux juſtifié l'eſtime dont ſa nation l'avoit honoré en l'élevant ſur le Throne, s'il eût évité un combat que ſon rival vouloit engager ; heureuſement pour les Normands , le Monarque Anglois conſulta plus ſa valeur que ſa prudence : il pouvoit vaincre ſans tirer l'épée , il perdit la couronne , la gloire & la vie en combattant vaillamment.

Les débris de l'armée Angloiſe ſe réfugierent avec précipitation dans les murs de Londres. On y délibéra avec cette confuſion qui ſuit les revers extraordinaires. Les Grands qui croyoient déja voir revêtus de leurs titres & de leurs terres les Normands qui avoient ſuivi le conquérant, opinoient à ſe

défendre : pour le faire avec fuccès ils propofoient de placer fur
le Throne le Prince Edgard dont la
modération leur plaifoit bien plus
que l'ambition inquiéte & orgueil-
leufe de Guillaume. Les Bourgeois
montroient une horreur égale pour
les troupes & pour la domination
du Vainqueur. Comme ils ne trouvoient pas moins de rifque à réfifter qu'à fe rendre, il ne leur
étoit pas poffible de fe décider.
Les Evêques qui craignoient moins
une révolution que les hafards
d'une longue guerre, fe déclaroient
pour le parti le plus heureux : raf-
furés fur leur fortune par le caractere religieux ou politique du
Prince, & fur leur confcience par
la protection que le faint Siége
accordoit à cette entreprife, ils

favorifoient ouvertement l'ufurpation.

Une autorité auffi refpectée dans
ces fiecles barbares, & l'approche
des Conquérans fixerent les irréfolutions de la multitude. Les Seigneurs, les Magiftrats, les Prélats
affemblés conjurerent unanime-
ment Guillaume de régner fur eux ;
ce Prince feignant d'oublier tous
les droits qu'il avoit fait valoir
avant fa conquète, parut balancer
s'il accepteroit le Throne. Il ne
tint pas à lui qu'on ne crût qu'il fe
faifoit violence en mettant fur fa
tête une Couronne, pour laquelle
il avoit couru tant de rifques &
verfé tant de fang. Le torrent des
Hiftoriens a écrit que ce Conquérant avoit fait ferment de porter le
fceptre aux mêmes conditions que

les Rois Saxons, & de maintenir les Lois établies. Le caractere de Guillaume appuie cette opinion. Il étoit trop habile pour faire si-tôt entendre à ses nouveaux sujets, qu'il vouloit établir un Gouvernement despotique.

Les jours les plus fortunés de ces regnes fameux, que l'histoire a toûjours proposés pour modeles, n'égalent pas l'idée parfaite qu'on nous a laissée des premiers tems de l'administration de Guillaume. L'Angleterre toûjours, ou presque toûjours placée sous une constellation malheureuse, paroissoit éclairée par un astre plus favorable ; & la tranquillité de cet Etat conti-nuellement agité parut établie sur des fondemens à jamais durables. L'exemple du Chef décida de la conduite des membres. Chaque Normand, il eſt vrai, ſe regardoit comme le vainqueur de l'Angle-terre : mais cette prétention or-gueilleuſe fut ſans hauteur & ne produiſt que l'honnêteté. Les trou-pes victorieuſes traiterent les peu-ples vaincus avec une douceur, qui à la honte de l'humanité a été toûjours aſſez rare, mais qui étoit inconnue dans ces ſiecles barbares. Des Edits précis & bien entendus acheverent d'aſſûrer le bonheur des Anglois & de fixer les Nor-mands dans l'ordre. Les Ordon-nances qui dans la plûpart des Etats ne ſervent qu'à l'oſtentation, fu-rent chez le nouveau Roi les appuis ſolides & légitimes d'une police & d'une équité parfaites. L'heureux eſſai d'un gouvernement ſi ſage &

ſi modéré étouffa juſqu'aux alarmes qu'un peuple soûmis a toûjours pour ſa liberté. Dans l'eſpace de peu de mois, les Anglois s'accoûtumerent à regarder leurs dernieres révolutions comme une faveur ſignalée du Ciel qui les avoit conduits au bonheur par une voie ſinguliere qui le devoit naturellement détruire.

Quand on connoît l'humeur de Guillaume & le caractere des Anglois, on n'eſt pas étonné que cette confiance réciproque, qui faiſoit la tranquillité commune, ait ceſſé, on ne comprend point comment elle avoit pû s'établir. Guillaume étoit naturellement défiant; & ſes soupçons lui inſpiroient des précautions injurieuſes & exceſſives, pour empêcher les révolu-

tions : les Anglois toûjours en garde contre leurs meilleurs Rois , ne
devoient pas compter beaucoup
fur la parole d'un Prince ambitieux,
qui venoit de les fubjuguer. L'un
étoit né févere , & il étoit d'ailleurs excité à la rigueur par les Normands , à qui il étoit bien plus
avantageux de voir dompter les
Anglois par la force , que de les
voir gagner par la douceur : les
autres confondoient affez fouvent
la dureté avec la fermeté, l'orgueil
avec le courage , l'infolence avec
la liberté. D'un côté, on avoit contracté des dettes immenfes pour
fournir aux frais de l'armement qui
avoit conquis l'Ifle ; & on prétendoit bien les payer & contenter fon
avarice aux dépens des vaincus :
de l'autre, on fe croyoit affez mal-

heureux d'être subjugué, sans se croire encore obligé de prodiguer ses thrésors à des Nations haïes & éloignées. Guillaume étoit extrèmement prévenu pour les compagnons de ses victoires ; & cette prévention lui inspiroit de l'indulgence pour leurs désordres : les Anglois ne pouvoient manquer d'être aigris contre des Etrangers qui avoient montré plus de conduite & de valeur qu'eux.

Ces différentes dispositions allumerent un incendie qui mit plusieurs fois le Royaume en combustion. La Nation ne regarda plus la modération du Roi Conquérant que comme un artifice imaginé pour endormir ou pour séduire la multitude. De légers mouvemens excités sourdement pour entretenir

dans le peuple un efprit de fédition, furent le prélude funefte d'u-
ne révolution plus générale &
mieux appuyée. Les factions fe
multiplierent; elles furent fucce-
fivement fomentées par le Prince
Edgard, par les Danois, par les
Ecoffois, une fois même par les
Normands. Guillaume parût tout
entier dans ces occafions. Sa pénétration lui faifoit quelquefois prévoir les orages qui fe formoient.
L'étendue de fon génie lui préfen-
toit fouvent les moyens de les diffiper; la fermeté de fon courage
les lui faifoit toûjours furmonter.
Chaque révolte ajoûtoit à l'éclat
de fa gloire & à la pefanteur du
joug des Anglois.

Cependant l'efprit du Monarque
fe remplit de foupçons contre fes

Sujets. Il se fit une habitude de les regarder comme des ennemis, d'autant plus acharnés qu'ils avoient plus de tort de l'être. Il sentit que ces Insulaires n'étoient pas faits pour être gouvernés par les voies ordinaires de la prudence, & qu'il étoit plus difficile de les contenir que de les soûmettre. Il alla jusqu'à se persuader qu'il avoit mal jugé du caractere des peuples qu'il avoit domptés. Son principe fut que les Anglois devoient être conduits avec fermeté; & son caractere ne le portant que trop à la sévérité, il regarda comme une erreur la conduite qu'il avoit tenue dans le commencement de son regne. Guillaume ne gouverna plus dès-lors avec le sceptre, mais avec l'épée. Le droit de conquête

quête fut poussé jusqu'où il pouvoit aller. Il anéantit les priviléges des Anglois, il s'appropria leurs
biens, il leur donna d'autres lois.
Le pouvoir arbitraire fut établi
dans toute son étendue ; & des
Peuples qui avoient voulu secoüer
l'autorité des Lois, se virent forcés à gémir sous l'empire du Despotisme.

Lanfranc, Archevêque de Cantorberi, qui, quoique Italien, avoit
plus de raison que d'esprit, une
politique plus sûre que rafinée,
plus de talent pour réunir les hommes, que pour les brouiller, sus-
pendit quelque-tems ces malheurs.
Il représenta au Conquérant qu'il
devoit faire le bonheur de ses Sujets qui ne le trouveroient jamais
que dans le Gouvernement qu'ils

avoient reçû de leurs peres : que les Anglois s'oppofoient aux nouveautés qu'il vouloit introduire avec une modération réfléchie plus à craindre que l'emportement : que les lois qu'on fe propofoit d'abroger étoient l'ouvrage des premiers hommes de la Nation, & avoient mérité l'approbation des affemblées les plus refpectables : que l'autorité établie dans l'Ifle avoit fait dans tous les tems de bons Citoyens : qu'il avoit juré deux fois folemnellemeut lui - même de ne point faire de changement confidérable dans l'état, & que manquer à fa parole, ce feroit inviter fes Sujets ou fes voifins à trahir leurs engagemens.

Ces difcours de la part d'un homme dont Guillaume eftimoit les lumieres, honoroit la vertu, aimoit le caractere, firent leur effet sur un esprit qui saisissoit ordinairement le vrai, & sur un cœur quelquefois sensible à l'amour de la justice. Son ambition qui avoit été toûjours assez vive, & sa colere qui fut rallumée par de nouveaux sujets de mécontentement effacerent ces impressions; & les entreprises sur les biens & sur la liberté des Anglois se multiplierent.

Les peuples qui avoient suivi le parti de Harald furent dépouillés, quoiqu'ils eussent pris les armes pour un Prince qui étoit actuellement sur le throne, & qu'ils eussent obtenu depuis leur défaite la confirmation de leurs priviléges : le Conquérant trouvoit deux avantages considérables dans ces confis-

cations ; il récompenſoit les étrangers qui l'avoient ſuivi, & il rem-
pliſſoit les Provinces de guerriers
auſſi intéreſſés que lui-même à
maintenir ſon autorité. La haine
qui diviſoit les Anglois & les Normands n'avoit point de bornes, &
entraînoit ſouvent les plus grands
malheurs. Guillaume par une par-
tialité criante publia un Edit qui
portoit que, lorſqu'un Normand
auroit été tué ou volé, les lieux
voiſins du théatre ou la ſcene ſe
ſeroit paſſée, deviendroient reſ-
ponſables du crime, & payeroient
une groſſe amende. Les Grands
ſe ſervoient de l'aſcendant qu'ils
avoient ſur l'eſprit des peuples pour
décrier un gouvernement qui leur
étoit odieux, moins parce qu'il
étoit injuſte, que parce qu'ils n'y

avoient point de part : ils eurent le double chagrin de se voir priver des Fiefs qu'ils tenoient de la Couronne, & de les voir passer dans les mains de leurs ennemis. Les Rois Saxons avoient donné au Clergé des terres immenses qu'ils avoient exemptées de tout service militaire, & il s'étoit emparé du droit de juger les différends des particuliers. Les Fiefs Ecclesiastiques furent réduits comme les autres à fournir un certain nombre de cavaliers en tems de guerre. & l'administration de la Justice fut confiée à d'autres. Les Moines par leur ambition avoient envahi une grande partie des richesses de l'Etat, & par leur adresse étoient devenus les dépositaires du reste dans le tems de la révolution. Les troupes étrangeres furent logées dans les Monasteres pour veiller sur les Solitaires qui les habitoient . & les thrésors furent pillés sous prétexte que c'étoient les biens des rebelles. On acheva de désespérer les Anglois par la construction de plusieurs citadelles, par la defense qu'on leur fit de garder des armes ; & sur-tout par l'obligation qu'on leur imposa d'éteindre leur lumiere, & de couvrir leur feu à huit heures du soir : le son d'une cloche qu'on appelloit le *couvre-feu*, annonçoit tous les jours cet ordre humiliant, & ne permettoit pas aux malheureux qui en étoient l'objet d'oublier un instant leur servitude.

Tous ces traits de sévérité que les circonstances rendoient apparemment néceſſaíres, n'empêchent pas qu'on ne compte Guillaume le Conquérant parmi le petit nombre de Rois qui ont honoré le Throne. Dans quelque tems qu'il eût vêcu, il eût été un grand homme ; ce fut un prodige pour le ſiecle barbare qui le vit naître. Il eut toutes les qualités éclatantes qui ébloüiſſent les yeux de la multitude : un air de dignité qui annonce un Héros ou un Prince que le Ciel deſtinoit ſenſiblement à le devenir ; une force de corps qui excitoit toûjours l'admiration & la ſurpriſe ; une valeur qui mépriſoit & qui ſurmontoit les plus grands périls ; un bonheur qui ne connut point les revers, pas même les avantages médiocres. Cependant il mérita l'admiration de la poſtérité par des ta-

D iiij

lens plus rares & plus estimables.
Ceux qui ne connoissent Guillaume que par ses succès, ne sont pas
ceux qui l'estiment davantage. Son
caractere se développe mieux aux
yeux de ceux qui pésent les obsta-
cles qu'il eut à surmonter pour
fonder son nouvel empire. Il falloit
avoir un droit réel ou apparent ;
il se le procura par son adresse : il
falloit aveugler la France sur les
suites de cette expédition ; il l'endormit par ses complaisances : il
falloit faire entrer les Princes voi-
sins dans ses vûes ; il les y amena
par ses insinuations : il falloit se
faire appuyer par la Cour de Rome
si puissante dans ces siecles d'ignorance ; il l'y engagea par ses promesses : il falloit prévenir la défiance d'un rival déja couronné ;

il l'étonna par fa célérité : il falloit avec des forces médiocres conquérir un grand Royaume ; il en vint à bout par fon audace : il falloit prévenir ou diffiper les conjurations qu'on trama continuellement contre fon autorité ou contre fa perfonne ; il y réuffit par fon application : il falloit s'affûrer l'obéiffance des Anglois, puifqu'il étoit dangereux de compter fur leur cœur ; il le fit en introduifant le *Defpotifme.* Ce grand Prince joignoit le mérite de faire de grandes chofes à celui de n'en point parler: la pénétration qui découvre le péril à la hardieffe qui le fait braver : l'art de connoître les hommes à celui de les employer : la prudence du Confeil a la promptitude de l'exécution : une fermeté qui paffoit quelquefois les bornes à un courage qui ne dégénéroit jamais en témérité ; il avoit fur-tout un attrait pour le travail qui l'empêchoit de remettre au lendemain ce qui pouvoit fe finir le jour même ; & qui lui perfuadoit prefque qu'il n'avoit rien fait , lorfqu'il lui reftoit quelque chofe à faire. La fatyre l'a peint avec les plus odieufes couleurs. Il eft pourtant vrai que la Nation qui le détefte lui doit fa gloire. Inconnus ou méprifés jufqu'alors dans l'Europe, les Anglois commencerent à y joüer un grand rôle par leurs lumieres, par leur puiffance, par leur commerce & par leurs conquêtes.

II. ÉPOQUE.

Le Roi Jean sans Terre dégrade l'autorité Royale en accordant la grande Chartre en 1215.

LEs avantages que Guillaume avoit procurés à l'Angleterre ne firent pas oublier aux Anglois qu'ils avoient été libres. On s'accoûtume au joug quand il se forme insensiblement, le despotisme subit révolte. Les secousses qui ébranlent alors l'Etat, font penser malheureusement qu'un Prince & des Sujets ont des intérêts contraires. Cette erreur pernicieuse devint chez les Anglois le principe de leur conduite. A peine le Conquérant étoit au tombeau, qu'on de-

manda tumultuairement le rétabliffement des anciens ufages à fon fecond fils qui lui avoit fuccédé.
Guillaume II. devoit fon élévation
à fes vices plus qu'à fes vertus.
Comme il étoit dur & fier, fon
pere l'avoit deftiné à occuper un
throne chancelant qu'il croyoit que
la modération ou la clémence auroit renverfé. Il y a apparence que
le jeune Prince n'y feroit pas monté fans contradiction, fi les efprits
n'avoient été préparés d'avance à
fe conformer aux intentions du
Roi mort : le moyen dont on fe
fervit pour féduire la Nation fut de
répandre que le Gouvernement
nouvellement établi dans l'Ifle feroit abandonné, & qu'on revien-
droit fans délai aux Lois de Saint
Edouard.

La situation des affaires avoit arraché au nouveau Monarque des promesses que son cœur n'avoüoit pas, & que son caractere démentit bien-tôt. Dévoüé dès ses premiers ans aux armes, & nourri dans une Cour où on ne voyoit que des exemples de despotisme, il avoit pris des manieres sauvages, dures & presque féroces. La Religion qui adoucit si heureusement les mœurs étoit à ses yeux un fantôme ; & il regardoit l'honneur & la probité comme la ressource de ceux qui manquent de courage ou d'autorité. Une imagination forte mais déréglée portoit le désordre dans tous ses sens : insensible aux plaisirs de la table, aux douceurs de l'amour, aux agrémens du luxe ; il ne connoissoit que le déreglement de ces

trois paſſions. Les ſuccès qu'il eut
à la guerre le mirent en état d'ap-
peſantir le joug des Anglois ; & il
leur en coûta plus pour fournir
aux biſarres profuſions du fils qui
ne leur en avoit coûté pour ſatisfaire l'inſatiable avarice du pere.
Sous ce regne les mœurs publiques
furent corrompues : il n'y avoit de
protection que pour les Juges ini-
ques, de richeſſes que pour les Partiſans, de récompenſe que pour les
Délateurs, de faveur que pour les
Miniſtres des plaiſirs du Prince.
Ces déſordres déterminerent tout
ce qui ſe ſentoit quelque goût pour
la vertu à aller chercher un aſyle
chez les Etrangers : pour comble
d'horreur un Edit ſévere defendit
à tous les Sujets de ſortir du Royaume.

La mort du Tyran ne fut pas la fin de la tyrannie. Les Anglois totalement abbatus par l'injuſtice ou la ſageſſe du gouvernement, ne firent que des vœux ſecrets pour leur liberté, & laiſſerent aux Normands qui ſe trouvoient les maîtres du Royaume le ſoin de mettre la Couronne ſur la tête qui leur paroîtroit la plus digne de la porter. Deux freres du dernier Roi avoient des prétentions & des Partiſans. Robert, Duc de Normandie, étoit l'aîné ; mais il étoit abſent & éloigné : Henri étoit le cadet, mais il étoit préſent & né depuis que le Prince ſon pere étoit devenu Roi. Comme depuis la conquête il n'y avoit rien de réglé par rapport à la ſucceſſion, on favoriſa celui des deux Princes qui n'ayant point d'Etats parut moins redoutable à la Nation : Henri fut placé sur le Throne.

Le nouveau Monarque trouva un Etat sans police, des Sujets sans mœurs, des Courtisans sans probité, des femmes sans retenue, des Peuples opprimés par autant de tyrans qu'il y avoit de grands : il rétablit l'ordre avec une promptitude & une facilité qui développerent les sublimes talens qu'il avoit pour le Gouvernement. C'étoit peut-être plus qu'il n'avoit promis, mais ce n'étoit pas ce qu'on souhaitoit davantage. Le rétablissement des anciens usages étoit l'objet de tous les vœux ; & Henri parut disposé à tenir la parole qu'il avoit donnée avant son couronnement de se départir des odieuses prérogatives

prérogatives que les deux derniers Rois avoient ufurpées.

Il publia une Chartre qui rendoit aux Eglifes leurs immunités; aux héritiers le droit de fuccéder à leurs peres fans rien payer; aux nobles le pouvoir de difpofer de leurs filles fans l'aveu du Prince; aux meres & aux plus proches parens la garde des enfans mineurs; aux Créanciers de l'Etat les arrérages dont ils étoient redevables. Un article remarquable terminoit cet acte important. C'étoit la confirmation des Lois de S. Edouard, c'eft-à-dire, des Lois reçûes durant la domination des Anglo-Saxons, & qui étoient ou entierement oubliées, ou expreffément abrogées depuis la conquête.

Les Partifans de l'autorité Royale ont toûjours parlé avec mépris de cette Chartre. Ils soûtiennent que Henri n'étant que l'usurpateur d'un Throne qui appartenoit visiblement à Robert son frere, n'a pas pû communiquer aux actes qu'il a faits une autorité qu'il n'avoit pas : ils ajoûtent avec plus de fondement, ce me semble, que cette Chartre n'a jamais été exécutée ; & ils concluent de ces deux raisonnemens qu'elle ne mérite aucune attention & qu'elle n'établit point de droits.

Les Royalistes ont à combattre une autre prétension des Républicains encore plus importante. Henri, durant le cours de son regne, forma plusieurs assemblées nombreuses composées des Grands du Royaume & des principaux du Peu-

ple : il les confulta fur la réformation de l'Etat , leur permit de fi-
gner la célebre Chartre , & leur
ordonna de reconnoître fon fils âgé
de dôuze ans , & auquel il furvé-
cut , pour fon fucceffeur. Quelques Hiftoriens croyent trouver l'é-
tabliffement du Parlement fans ces
affemblées. Cette prétenfion paroît affez mal fondée. Un Roi peut
prendre des lumieres de fes Peuples, ou avoir pour eux de la complaifance fans reconnoître leur autorité , & fans leur céder la fienne.
Henri étoit trop ambitieux pour relâcher fes droits, trop appliqué pour
fe laffer de gouverner , trop brave pour fe laiffer intimider , trop
éclairé pour être aveuglé fur fes
intérêts , trop altier pour fe faire
des maîtres de fes Sujets. Les affem-

blées qu'il forma étoient, ou un spectacle qu'il accordoit à sa vanité, ou une maniere de sonder les dispositions des Peuples, ou enfin une adresse pour découvrir les talens & les mettre en œuvre.

Quoiqu'il en soit de ces motifs, les Lois imposées par le Conquérant, & contestées sous ses deux premiers successeurs, s'affermirent peu-à-peu. Le caractere des grands Princes qui occuperent le Throne Anglois, y contribua beaucoup. Etienne qui régna après Henri, étoit brave, clément, généreux : si l'art de manier les esprits, un sens droit, de grandes vûes ne justifierent pas son usurpation, ils en diminuerent du moins l'horreur. Sa mort rétablit l'ordre de la succession, & Henri Second recouvra paifiblement le Sceptre de fon ayeul que fon oncle lui avoit ravi.

Ce nouveau Prince montra un génie élevé & une ambition fans bornes, plus de fierté dans les manieres que dans les fentimens, une paffion égale pour l'amour & pour la gloire. Au commencement de fon regne il fut l'idole de fes peuples; au milieu la terreur de l'Europe; fur la fin prefque le jouet du Pape & de fes enfans. La conquête qu'il fit de l'Irlande, l'acquifition de quelques Provinces de France, les divers évenemens de fa vie : rien n'influa fur le fort de fes Sujets; ils continuerent à être toûjours gouvernés fur le même plan & dans les mêmes vûes.

Richard, *Cœur de Lion*, qui régna enfuite, avoit un orgueil qui lui faifoit regarder les Rois fes égaux comme fes Sujets , & fes Sujets comme des efclaves ; une avarice qui ne refpectoit ni la Religion , ni la pauvreté ; une luxure qui ne connoiffoit ni borne ni bienféances. Il fut brave , mais féroce ; vigilant, mais foupçonneux ; entreprenant , mais inquiet ; décidé, mais préfomptueux ; ferme, mais opiniâtre ; paffionné pour la gloire des armes , mais jaloux. Le Defpotifme avoit été plutôt affermi qu'ébranlé par un Roi de ce caractere, lorfque Jean fans Terre monta fur le Throne.

Ce Prince, que fes inquiétudes, fes crimes & fes malheurs ont rendu celebre, manquoit également des vertus qui honorent le Diadème ou les conditions privées ; & il

réuniſſoit les vices de tous ces états.
Il n'eut de l'eſprit que pour nuire,
du feu que pour brouiller, du courage que pour détruire. La guerre
& la paix lui étoient également à
charge. Par imprudence il entra
dans toutes les grandes affaires, &
par incapacité il en ſortit toûjours
honteuſement. Il mépriſoit les malheurs à venir, mais il étoit accablé
par les maux préſens. Lorſqu'il
verſa du ſang, ce fut moins par
cruauté que par le deſir de paroître
maître. La proſpérité & l'adverſité
le dégraderent également, l'une en
l'élevant, & l'autre en l'abaiſſant
trop. Les moyens qu'il imagina pour tirer l'argent de ſes Peuples, le firent accuſer d'avarice;
il n'étoit que diſſipateur. Ce fut
un ſcélérat mal habile qui ne tira

jamais d'avantage de ſa méchanceté. Sans religion & ſans honneur , il étoit auſſi embarraſſé dans
les affaires où il falloit de l'adreſſe
& des expédiens , que s'il n'eût
voulu ſe conduire qu'en homme
de bien.

Tel fut le Monarque Anglois ,
qui laiſſa ranimer les factions dan-
gereuſes qui avoient ſi long-tems
agité le Throne. Du mépris que
mille horreurs inſpircrent pour ſa
perſonne, on paſſa au mépris de ſa
dignité. Il fut réſolu de la détruire , pour élever ſur ſes ruines la liberté , ou pour mieux dire , l'indépendance.

L'abus que fit le Prince de ſon
pouvoir en devint le terme. Les
Grands qui voyoient les tentatives
qu'on faiſoit pour les accabler ,

crurent devoir prendre des mefures pour fe défendre. Des confé-
rences fecretes & féditieufes les
affermirent dans ces fentimens, &
il fut arrêté qu'on faifiroit la premiere occafion pour faire connoître au Roi les réfolutions qu'on
avoit formées. Le hafard amena
bientôt cet inflant critique. Les
Poitevins s'étant révoltés en 1201.
Jean fomma tous les Feudataires
de la Couronne de l'accompagner
en France pour fervir contre les
Rebelles. Les Barons refuferent de
paffer la mer, à moins qu'on ne
les rétablit dans leurs privi'éges.
La Cour fe trouva partagée fur le
parti qu'il y avoit à prendre. Les
Miniftres fages vouloient ou qu'on
amufàt les Barons par des paroles,
ou qu'on les calmât par quelque

satisfaction : les Flatteurs opinerent à pourſuivre un attentat qu'ils diſoient dégrader le Throne. Jean étoit d'un caractere trop impétueux pour ne pas adopter le conſeil qui flattoit ſa vengeance ; & il exigea des Grands que pour aſſûrance de leur fidélité, ils lui livraſſent leurs fortereſſes. Les premiers Seigneurs qui reſiſterent s'étant vûs forcés, le reſte des Confédérés prit le parti de ſe rendre. Leurs enfans qu'ils donnerent en otage, & leurs thréſors qu'on leur arracha furent les gages de leur ſoûmiſſion. A ce prix, ils furent diſpenſés de paſſer la mer ; ſoit que Jean n'eût feint de vouloir aller châtier les Poitevins, que pour avoir un prétexte de tirer de l'argent de la Nobleſſe ; ſoit qu'il craignît de quitter ſes Etats dans un tems où les efprits n'étoient pas tranquilles.

Les précautions que prend un Souverain contre fes ujets les affoibliffent moin, qu'elles ne les aigriffent. Le Monarque Anglois crut s'être affûré de la foi de fes Barons, & il n'avoit fait qu'aliéner leur cœur pour toûjours. Cette dangereufe difpofition éclata bientôt, & dans une occafion extrèmement importante. Le Roi de France, pour des raifons qui ne font pas de mon fujet, étoit entré en Normandie en 1202. & y faifoit des progrès rapides : au lieu de s'oppofer vigoureufement aux entreprifes d'un Prince heureux & actif, Jean fe plongeoit à Rouen dans les plaifirs & dans la molleffe. En vain les fages de fon parti au repréfentoient-ils que l'ennemi s'enrichiffoit impunément de fes pertes : *Laiffez-le faire*, répondoit-il, *j'en reprendrai plus en un jour , qu'il n'en pourra prendre en un an.*

Les Seigneurs Anglois qui avoient paffé la mer pour cette expédition malheureufe , faifirent pour la repaffer l'inftant où la victoire couronnoit par-tout les François. L'indolence du Roi fervit de prétexte à leur retraite ; la haine qu'ils avoient pour lui en fut le motif ; la perte d'une partie de leurs richeffes en devint la punition. Jean qui les avoit fuivis de près , les accufa d'avoir trahi les intérêts & la gloire de la Nation dans une occafion décifive , & d'avoir caufé par leur fuite la perte de la Normandie. Les Barons avoient beaucoup de chofes à dire pour leur juflification ; le Prince qui étoit intéreffé à les trouver coupables ne les écouta point ; il exigea d'eux la feptieme partie de leurs biens mobiliaires, & quoiqu'il n'eût pas le même fujet de plainte contre le Clergé, il l'affujettit à la même taxe.

Les guerres étrangeres fufpendirent long-tems les effets de la haine qu'avoit allumée dans les cœurs des Grands un traitement fi dur & fi injufte. Les efforts qu'ils firent pour ne pas laiffer éclater leur reffentiment augmenterent fa violence, & en devoient rendre les fuites plus terribles. Un autre motif pouvoit arrêter les Barons ; ils avoient à craindre que la multitude ne fe déclarât contr'eux. La conduite imprudente & tyrannique du Prince dans l'intérieur de l'Etat ; sa foiblesse & sa lâcheté dans les affaires du dehors, firent souhaiter au Peuple auffi vivement qu'aux Grands un changement dans le gouvernement.

Une révolution n'eft pas éloignée quand tout le monde a intérêt à l'accélérer ; fi elle eft quelquefois retardée, c'eft par des intérêts oppofés, par un défaut de vûes, par des irréfolutions fur les lois qu'on établira. Les Barons furent fixés fur tout cela par la découverte que fit le Cardinal Langton de la Charte que Henri Premier avoit accordée à fes fujets au commencement de fon regne. Il en avoit été dépofé dans les principaux Monafteres des copies autentiques qui

avoient difparu, ou par la négligen-
ce de ceux à qui elles avoient été
confiées , ou par les foins de Henri lui-même & de fes fucceffeurs.
Celle-ci, la feule peut-être qui fe
fut confervée, fit beaucoup de bruit.
Les Barons qui n'avoient qu'une
idée confufe de cette importante
piece, furent charmés de ce qu'elle
contenoit , & ils convinrent de la
faire fervir de fondement à leurs
demandes. Pour réuffir dans leurs
deffeins , & obtenir plus fûrement
le rétabliffement de leurs priviléges, ils formerent enfemble une
confédération , la premiere qui fe
fut faite en Angleterre pour appuyer les intérêts de la Nation contre les prétenfions du Monarque. .

Cette affociation qui a d'abord
un air de révolte , pourroit bien

n'être dans le fonds qu'une réfif-
tance permife, ou même un amour
un peu vif de la Patrie. Les Anglois
étoient opprimés depuis la conquête au point de ne poff"éder aucun
Fief confidérable dans toute l'é-
tendue du Royaume. Lorfqu'ils
ofoient alléguer leurs priviléges
contre leurs tyrans, ou ils n'étoient
point écoutés, ou ils étoient punis.
Les Lois de leurs Rois Saxons
étoient fi fort méprifées, que c'é-
toit être criminel que de les nommer. Les Etrangers qui inondoient
l'Angleterre, foûtenoient le Defpotifme de leur épée & de leurs
éloges, parce qu'il tournoit tout
entier à leur profit : dans la fuite
ils firent réflexion qu'il étoit dangereux de vivre fous un gouvernement arbitraire qui pouvoit les dépouiller

pouiller de ce que le Conquérant avoit donné à leurs peres ; ils adopterent les fentimens Anglois fur la liberté, & fe propoferent de devenir libres.

Les Barons qui formerent ce projet, étoient précifément les feuls hommes de la Nation qui n'avoient nul droit, pas même apparent, de demander le rétabliffement des Lois Saxonnes, rédigées par Saint Edouard. C'étoient tous les defcendans des premiers Normands, en faveur de qui ces Lois avoient été abrogées Ce Conquérant avoit dépouillé les Anglois de tous leurs Fiefs, pour en revêtir les Seigneurs de fon parti qui l'avoient fuivi. Si Guillaume n'avoit pas eu le droit de changer le gouvernement, les Barons étoient des ufurpateurs ; s'il l'avoit pû, les Barons étoient injuſtes, en voulant forcer le Roi à le rétablir. Comme c'étoit la foibleſſe du Prince, & non la juſtice de leur cauſe qui enhardiſſoit les ſéditieux, ils perſiſterent dans leurs p étenſions, & mirent le Cardinal Langton, Archevêque de Cantorberi à leur tête.

Ce Prélat, homme factieux & violent, étoit né pour le perſonnage qu'il alloit faire. A la duplicité d'un adroit Courtiſan, il joignoit toute l'audace d'un mauvais Eccléſiaſtique ; & à l'intérêt politique qui uniſſoit les Conjurés, il ajoûta le lien religieux d'un ſerment ſolemnel. Il donna une nouvelle chaleur à la Ligue par ſon caractere ; & ce qui eſt extrèmement important, il la fit agir avec beaucoup de décence & de dignité.

Les jalousies, les divisions, les éclats ordinaires aux Confédérations ne se firent point remarquer dans celle-ci. Dès qu'on eut convenu de ce qu'on vouloit, & de la maniere dont on le vouloit, les Barons se rendirent paisiblement à Londres, & demanderent au Roi en termes précis, mais modestes, le rétablissement des Lois de Saint Edouard, & l'observation des priviléges contenus dans la Chartre de Henri Premier. Cette Requête, quoique respectueuse, peut-être même parce qu'elle l'étoit effectivement, allarma le Prince : il redouta une union qu'il désespera de rompre, & des Sujets qu'il voyoit disposés à pousser les choses à l'extrémité, & qu'il savoit en état de foûtenir leurs prétenfions. Il fut pourtant affez maître de lui-même pour diffimuler fes craintes , fon reffentiment ; & il témoigna fouhaiter qu'on attendît jufqu'à Pâques pour avoir fa réponfe & pour être inftruit de fes intentions. Les motifs de cette conduite n'échapperent pas aux Confédérés : ils virent bien que Jean vouloit, ou fimplement les amufer, ou fe ménager du tems pour les brouiller, ou fe mettre en état de leur réfifter : mais ils craignirent qu'on ne les accufât de précipitation ou de violence s'ils refufoient un fi court délai, & ils l'accorderent.

Le Roi fit de ces momens fi précieux l'ufage qu'il lui convenoit d'en faire, il les employa à regagner fes Sujets : n'y ayant pas réufſi , il chercha des ſecours pour les réduire : mais il éprouva le ſort ordinaire aux Souverains ; il ne méritoit point d'amis , & il n'en avoit pas. Philippe Auguſte étoit trop habile pour ſecourir un Prince qu'il avoit dépouillé d'une partie de ſes Etats , & qu'il trouvoit trop puiſſant encore. L'Empereur & le Comte de Flandres accablés par les François à Bovines , étoient plus à charge qu'utiles à leurs Alliés. Le Roi d'Ecoſſe redoutoit les inquiétudes & les perfidies d'un Prince ambitieux & ſans probité. La Cour de Rome n'offroit que des excommunications & des cenſures, armes peu redoutables contre des hommes qui ne les craignoient pas. Un autre Roi auroit tiré un puiſſant ſecours des Provinces de France ;

mais celui-ci avoit perdu par son indolence & sa lâcheté tout le patrimoine de Guillaume le Conquéquérant. Jean dans son désespoir, n'imagina rien de mieux que de prendre la Croix, comme s'il eût eu dessein de faire le voyage de la Terre-Sainte , il se flatta que la protection que l'Eglise accordoit à tous les Croisés, pourroit le mettre peut-être à couvert de ses ennemis.

La Religion des Barons ne fut pas aussi superstiticuse que le Prince l'avoit espéré. Le délai ne fut pas plutôt expiré , qu'ils s'assemblerent à Stamford en assez grand nombre & assez bien armés pour se faire craindre. Le Roi qui fut informé de leurs forces & de leur contenance, ne jugea pas à propos d'expofer fa perfonne en conférant avec eux ; il leur envoya le Comte de Pembrok pour leur demander le détail de leurs prétenfions. Jean n'eut pas plutôt lû l'écrit qui les contenoit qu'il en ra dans une fureur qu'il n'eft pas aifé de peindre : *Les Traitres ont oublié*, di - il , *de demander ma Couronne ; qu'ils ne s'attendent pas à m'arracher des priviléges qui me rendroient leur Efclave. Je fuis Roi , & je veux continuer à l'être.*

Cette réponfe fut le fignal de la guerre. Les Barons formerent quelques entreprifes qui réuffirent. Londres entra dans la Confédération ; on y prit la réfolution d'affiéger le Roi dans la Tour. On étoit occupé des préparatifs de ce fiége , lorf-qu'on écrivit des Lettres circulaires à tous les Seigneurs du parti du Roi & à ceux qui étoient encore neutres ; on les avertiſſoit ſans détour, que, s'ils ne ſe joignoient à la cauſe commune, ils ſeroient traités ſans ménagement : cette menace eut un ſuccès complet. Le Roi ſe vit univerſellement abandonné ; & cette défection le rendit foible ou traitable. Il fit avertir les Seigneurs qu'il étoit dans les diſpoſitions où on le vouloit. Comme ils ne faiſoient la guerre que pour avoir la paix, ils ſe rendirent en foule dans le lieu choiſi pour finir cette grande affaire. Les diſcuſſions ne furent pas longues, parce que les forces n'étoient pas égales. Les Sujets ne mirent point de bornes à leurs prétenſions ; & le Souverain accorda plus volontiers des demandes exceſſives, qu'il n'auroit accordé des demandes modérées: il ſe flatta que plus la violence qu'on lui faiſoit ſeroit ſenſible, plus il trouveroit dans la ſuite des prétextes plauſibles pour ſe dédire, & de Partiſans zélés pour recouvrer ſes droits. Sur cette eſpérance, il ſigna deux actes dans leſquels les Barons avoient inſéré tout ce qu'ils avoient imaginé de plus propre à dégrader le Prince : Le premier fut nommé *la Chartre des Libertés*, ou *la grande Chartre* ; le ſecond *la Chartre des Foréts*. Il fut choiſi vingt-cinq Barons pour veiller à l'exécution des deux Chartres. On convint que les quatre premiers de ces Seigneurs qui appercevroient eux-mêmes quelque infraction ou qui en feroient avertis par d'autres, porteroient leurs plaintes au pié du Throne. Le Roi, s'il ne remédioit pas au défordre dans quarante jours, confentit que les Grands pûffent prendre légitimement les armes, & s'emparer même de fes Domaines. A toutes ces conceffions, il ajoûta des Lettres Patentes qui autorifoient tous les Sherifs à faire jurer à tous fes Sujets qu'ils obferveroient ponctuellement les deux Chartres, & qu'ils prêteroient, s'il en étoit befoin, leurs fecours pour forcer le Roi à les obferver. Comme la grande Chartre a fervi de prétexte à toutes les guerres civiles qui ont depuis déchiré l'Angleterre, on a cru qu'il étoit effentiel de la placer ici : on la donnera telle qu'elle fe trouve dans l'Hiftorien d'Angleterre le plus autorisé. Elle se voit ailleurs avec quelques différences.

CHARTRE

Des communes Libertés , ou la Grande Chartre accordée par le Roi Jean à ſes Sujets l'an 1215.

JEAN, par la grace de Dieu, Roi d'Angleterre, &c. A tous les Archevêques, Evêques, Comtes, Barons, &c. Qu'il vous ſoit notoire, que Nous, en préſence de Dieu, pour le ſalut de notre ame, & de celles de nos Ancêtres & Deſcendans, à l'honneur de Dieu, à l'exaltation de l'Egliſe, & pour la réformation de notre Royaume, en préſence des vénérables Peres Etienne Archevêque de Cantorberi, Primat d'Angleterre, & Cardi-

nal de la Sainte Eglise Romaine ;
Henri, Archevêque de Dublin,
Guillaume, Evêque de Londres,
& autres nos Vassaux & Hommes-
Liges, avons accordé, & par cette
présente Chartre accordons, pour
Nous & pour nos Héritiers & Suc-
cesseurs à jamais :

I.

Que l'Eglise d'Angleterre sera
libre, joüira de tous ses droits &
libertés, sans qu'on y puisse toucher en façon quelconque. Nous
voulons que les Priviléges de l'E-
glise soient par elle possédés, de
telle maniere qu'il paroisse, que
la liberté des Elections, estimée
très-nécessaire dans l'Eglise Angli-
cane, & que nous avons accordée
& confirmée par notre Chartre,
avant nos différends avec les Ba-

rons, a été accordée par un acte libre de notre volonté, & nous entendons que ladite Chartre soit obfervée par Nous & par nos Succeffeurs à jamais.

II.

Nous avons auffi accordé à tous nos Sujets libres du Royaume d'Angleterre, pour Nous & nos Héritiers & Succeffeurs, toutes les libertés fpécifiées ci-deffous, pour être poffédées par eux & par leurs Héritiers, comme les tenant de Nous & de nos Succeffeurs.

III.

Si quelqu'un de nos Comtes, Barons, ou autres qui tiennent des Terres de Nous, fous la redevance d'un fervice militaire, vient à mourir, laiffant un Héritier en âge de majorité, cet Héritier ne paye ra , pour entrer en poſſeſſion du Fief, que ſelon l'ancienne taxe, ſavoir l'Héritier d'un Comte , pour tout ſon Fief, cent marcs ; l'Héritier d'un Baron , pour un Fief entier , cent Schellings , & tous les autres à proportion, ſelon l'ancienne taxe des Fiefs.

I V.

Si l'Héritier ſe trouve en âge de minorité , le Seigneur , de qui ſon Fief releve , ne pourra prendre la Garde-noble de ſa perſonne, avant que d'en avoir reçu l'Hommage qui lui eſt dû. Enſuite , cet Héritier , étant parvenu à l'âge de vingt & un an , ſera mis en poſſeſſion de ſon Héritage, ſans rien payer au Seigneur. Que s'il eſt fait Chevalier pendant ſa minorité , ſon Fief demeurera pourtant ſous la garde du

Seigneur, jufqu'au tems ci-deffus
marqué.

V.

Celui qui aura en garde les Terres d'un Mineur, ne pourra prendre fur ces mêmes Terres, que des
profits & des fervices raifonnables,
fans détruire ni détériorer les biens
des Tenanciers, ni rien de ce qui
appartient à l'Héritage. Que s'il arrive que Nous commettrions ces
Terres à la garde d'un Shérif, ou
de quelque autre perfonne que ce
foit, pour nous en rendre compte,
& qu'il y faffe quelque dommage,
nous promettons de l'obliger à le
réparer, & de donner la garde de
l'Héritage à quelque Tenancier
difcret du même Fief, qui en fera
refponfable envers Nous, de la même maniere.

V I.

VI.

Les Gardiens des Fiefs maintiendront en bon état, tant les maifons, parcs, garennes, étangs, moulins, & autres chofes en dépendant, que les revenus, & les rendront à l'Héritier, lorfqu'il fera en âge, avec fa Terre bien fournie de charrues & autres chofes nécef-faires, ou du moins, autant qu'ils en auront reçû. La même chofe fera obfervée, dans la garde qui nous appartient, des Archevêchés, Evêchés, Prieurés, Abbayes, Eglifes, &c. excepté que ce droit de garde ne pourra être vendu.

VII.

Les Héritiers feront mariés felon leur état & condition, & les Parens en feront informés avant que le mariage foit contracté.

G

VIII.

Auffi-tôt qu'une Femme fera veuve, on lui rendra ce qu'elle aura eu en dot, ou fon héritage, fans qu'elle foit obligée de rien payer pour cette reftitution, non plus que pour le doüaire qui lui fera dû fur les biens qu'elle & fon Mari auront poffédés, jufqu'à la mort du Mari. Elle pourra demeurer dans la principale maifon de fon défunt Mari, quarante jours après fa mort, & pendant ce tems-là, on lui affignera fon doüaire, en cas qu'il n'ait pas été réglé auparavant. Mais fi la principale maifon étoit un Château fortifié, on pourra lui affigner quelqu'autre demeure où elle foit commodément, jufqu'à ce que fon doüaire foit réglé. Elle y fera entretenue de tout ce

qui fera raifonnablement néceffaire pour fa fubfiftance, fur les revenus des biens communs d'elle & de
fon défunt Mari. Le doüaire fera
réglé à la troifieme partie des Terres poffédées par fon Mari pendant
qu'il étoit en vie, à moins que, par
fon Contrat de mariage, il n'ait
été réglé à une moindre portion.

I X.

On ne pourra contraindre aucune Veuve, par la faifie de fes meubles, à prendre un autre Mari, pendant qu'elle voudra demeurer dans
l'état de viduité. Mais elle fera
obligée de donner caution qu'elle
ne fe remariera point fans notre
confentement, fi elle releve de
Nous, ou fans celui du Seigneur
de qui elle releve immédiatement.

X

Ni Nous, ni nos Baillifs, ne ferons jamais ſaiſir les Terres ou les rentes de qui que ce ſoit pour dettes, tant que le Débiteur aura des meubles pour payer ſa dette, & qu'il paroîtra prêt à ſatisfaire ſon Créancier. Ceux qui l'auront cautionné ne ſeront point exécutés, tant que le Débiteur même ſera en état de payer.

X I.

Que ſi le Débiteur ne paye point, ſoit par impuiſſance, ſoit par défaut de volonté, on exigera la dette des Cautions, leſquelles auront une hypotéque ſur les biens & rentes du Débiteur, juſqu'à la concurrence de ce qui aura été payé pour lui ; excepté qu'il faſſe voir une décharge des Cautions.

XII.

Si quelqu'un a emprunté de l'argent des Juifs, & qu'il meure avant que la dette soit payée, l'Héritier, s'il est Mineur, ne payera point d'intérêt pour cette dette, tant qu'il demeurera en âge de Minorité, de qui que ce soit qu'il releve. Que si la dette vient à tomber entre nos mains, Nous nous contenterons de garder le gage livré par le Contrat, pour sûreté de la même dette.

XIII.

Si quelqu'un meurt étant Débiteur des Juifs, sa Veuve aura son douaire, sans être obligée de payer aucune partie de cette dette. Et si le défunt a laissé des enfans mineurs, ils auront la subsistance proportionnée au bien réel de leur Pere, & du surplus, la dette sera payée. Sauf toutefois le service dû au Seigneur. Les autres dettes dûes à d'autres qu'à des Juifs, seront payées de la même maniere.

XIV.

Nous promettons de ne faire aucune levée ou imposition, soit pour le droit de Scutage, ou autre, sans le consentement de notre commun Conseil du Royaume, à moins que ce ne soit pour le rachat de notre personne, ou pour faire notre Fils aîné Chevalier, ou pour marier une fois seulement, notre Fille aînée, dans tous lesquels cas, nous leverons seulement une aide raisonnable & modérée.

XV.

Il en sera de même à l'égard des subsides que nous leverons sur la Ville de Londres, laquelle joüira de ſes anciennes libertés & coûtumes, tant ſur l'eau que ſur terre.

XVI.

Nous accordons encore à toutes les autres Villes, Bourgs & Villages, aux Barons des cinq-Ports, & à tous autres Ports, qu'ils puiſſent joüir de leurs priviléges, & anciennes Coûtumes, & envoyer des Députés au Conſeil commun pour y régler ce que chacun doit fournir, les trois cas de l'article XIV. exceptés.

XVII.

Quand il ſera queſtion de régler ce que chacun devra payer pour le droit de Scutage, Nous promettons de faire ſommer, par des ordres particuliers, les Archevêques, les Evèques, les Abbés, les Comtes, & les Grands Barons du

Royaume, chacun en son particulier.

XVIII.

Nous promettons encore de faire
sommer en général par nos Shérifs
ou Baillifs, tous ceux qui tiennent
des Terres de nous en Chef, quarante jours avant la tenue de l'Af-
semblée générale, de se trouver au
lieu assigné, & dans les sommations, Nous déclarerons les cau-
ses pour lesquelles l'assemblée sera
convoquée.

XIX.

Les sommations étant faites de
cette maniere, on procédera sans
délai à la décision des affaires, selon les avis de ceux qui se trouve-
ront présens, quand même tous
ceux qui auront été sommés n'y
seroient pas.

105
X X.

Nous promettons de n'accorder à aucun Seigneur que ce soit la permiffion de lever aucune fomme fur fes Vaffaux & Tenanciers, fi ce n'eft pour le délivrer de prifon, pour faire fon Fils aîné Chevalier, ou pour marier fa Fille aînée, dans lefquels cas, il pourra feulement lever une taxe modérée.

X X I.

On ne faifira les meubles d'aucune perfonne, pour l'obliger, à raifon de fon Fief, à plus de fervice qu'il n'en doit naturellement.

X X I I.

La Cour des Communs Plaidoyers ne fuivra plus notre perfonne, mais elle demeurera fixe en un certain lieu. Les procès touchant l'Expulfion de poffeffion, la Mort d'un Ancêtre, ou la Préſentation aux Bénéfices, ſeront jugés dans la Province dont les Parties déſendent, de cette maniere : Nous ou notre Grand Juſticier, envoyerons une fois tous les ans, dans chaque Comté, des Juges qui, avec les Chevaliers des mêmes Comtés, tiendront leurs Aſſiſes dans la Province même.

XXIII.

Les procès qui ne pourront être terminés dans une Seſſion, ne pourront être jugés dans un autre lieu du circuit des mêmes Juges ; & les affaires, qui, pour leurs difficultés, ne pourront pas être décidées par ces mêmes Juges, ſeront portées à la Cour du Banc du Roi.

XXIV.

Toutes les affaires qui regardent

la derniere Préfentation aux Eglifes , feront portées à la Cour du
Banc du Roi, & y feront terminées.

X X V.

Un Tenancier libre ne pourra
pas être mis à l'amende pour de
petites fautes, mais feulement pour
les grandes , & l'amende fera proportionnée au crime , fauf la fubfiftance dont il ne pourra être pri-
vé. Il en fera ufé de même à l'é-
gard des Marchands , auxquels on
fera tenu de laiffer ce qui leur fera
néceffaire pour entretenir leur commerce.

X X V I.

Semblablement, un Payfan , ou
autre perfonne à nous appartenant,
ne pourra être mis à l'amende ,
qu'aux mêmes conditions. C'eft-à-
dire, qu'on ne pourra point tou-

cher aux inſtrumens ſervant au la-
bourage. Aucune des ſuſdites a-
mendes ne ſera impoſée que ſur le
Serment de douze hommes du voi-
ſinage reconnus pour gens de bonne réputation.

XXVII.

Les Comtes & les Barons ne ſeront mis à l'amende que par leurs
Pairs, & ſelon la qualité de l'of-
fenſe.

XXVIII.

Aucun Eccléſiaſtique ne ſera mis
à une amende proportionnée au re-
venu de ſon Bénéfice, mais ſeulement aux biens laïques qu'il
poſſede, & ſelon la qualité de ſa
faute.

XXIX.

On ne contraindra aucune Ville,
ni aucune perſonne, par la ſaiſie

des meubles , à faire conftruire des ponts fur les rivieres, à moins qu'elles n'y foient obligées par un ancien droit.

XXX.

On ne fera aucune digue aux rivieres , qu'à celles qui en·ont eu du tems de Henri I.

XXXI.

Aucun Shérif, Connétable, Coroner, ou autre Officier, ne pourra tenir les Plaids de la Couronne.

XXXII.

Les Comtés , Centaines , Wapentacks , Dixaines demeureront fixés felon l'ancienne forme , les Terres de notre Domaine particulier exceptées.

XXXIII.

Si quelqu'un tenant de Nous un Fief laïque , meurt , & que le Shérif ou Baillif produife des preuves pour faire voir que le Défunt étoit notre débiteur, il fera permis de faifir & d'enregiftrer des meubles trouvés dans le même Fief, jufqu'à la concurrence de la fomme dûe, & cela par l'infpection de quelques voifins réputés gens d'honneur, afin que rien ne foit détourné, jufqu'à ce que la dette foit payée. Le furplus fera laiffé entre les mains des Exécuteurs du Teftament du Défunt. Que s'il fe trouve que le Défunt ne nous devoit rien, le tout fera laiffé à l'Héritier, fauf les droits de la Veuve & des Enfans.

XXXIV.

Si quelque Tenancier meurt fans faire Teftament, fes effets mobiliaires feront diftribués par les plus

proches parens & amis, avec l'approbation de l'Eglise, sauf ce qui
étoit dû par le Défunt.

XXXV.

Aucun de nos Baillifs, ou Con-
nétables, ne prendra le grain, ou
autres effets mobiliaires d'une personne qui ne sera pas de sa jurif-
diction, à moins qu'il ne le paye
comptant, ou qu'il n'ait auparavant convenu avec le vendeur du
tems du payement. Mais si le vendeur est de la Ville même, il sera
payé dans quarante jours.

XXXVI.

On ne pourra saisir les meubles
d'aucun Chevalier, sous prétexte
de la garde des Châteaux, s'il offre
de lui - même le service, ou de
donner un homme en sa place en
cas qu'il ait une excuse valable

pour s'en difpenfer lui - même.

XXXVII.

S'il arrive qu'un Chevalier foit commandé pour aller fervir à l'armée, il fera difpenfé de la garde des Châteaux, tout autant de tems qu'il fera fon fervice à l'armée, pour raifon de fon Fief.

XXXVIII.

Aucun Shérif ou Baillif ne prendra par force, ni chariots, ni chevaux, pour porter notre bagage, qu'en payant le prix ordonné par les anciens Reglemens, favoir, dix fols par jour pour un Chariot à deux chevaux, & quatorze fols pour un à trois chevaux.

XXXIX.

Nous promettons de ne faire point prendre les Chariots des Eccléfiaftiques, ni des Chevaliers, ni des

des Dames de qualité , non plus
que du bois pour l'ufage de nos
Châteaux , que du confentement
des Propriétaires.

X L.

Nous ne tiendrons les Terres de
ceux qui feront convaincus de fe-
lonie, qu'un an & un jour : après
quoi nous les mettrons entre les
mains du Seigneur.

X L I.

Tous les Filets à prendre des
Saumons , ou autres Poiffons , dans
les rivieres de Midway , ou dans
la Tamife , & dans toutes les rivieres d'Angleterre, excepté fur les
côtes , feront ôtés.

X L I I.

On n'accordera plus aucun Writ
ou ordre appellé Præcipe par le-

H

quel un Tenancier doive perdre
son procès.

XLIII.

Il y aura une même mesure dans
tout le Royaume, pour le vin &
pour la biere, aussi-bien que pour
le grain, & cette mesure sera con-
forme à celle dont on se sert à Londres. Tous les draps auront une
même largeur, savoir, deux ver-
ges entre les deux lisieres. Les poids
seront aussi les mêmes dans tout
le Royaume.

XLIV.

On ne prendra rien, à l'avenir,
pour les Writs ou Ordres d'infor-
mer, de celui qui désirera qu'in-
formation soit faite, touchant la
perte de la vie ou des membres de
quelque personne. Mais ils seront

accordés gratis, & ne feront jamais refufés.

XLV.

Si quelqu'un tient de nous une Ferme, foit Soccage ou Burgage, & quelques Terres d'un autre, fous la redevance d'un fervice militaire. Nous ne prétendons point, fous prétexte de cette Ferme, avoir la garde de l'Héritier Mineur, ou de la Terre qui appartient au Fief d'un autre. Nous ne prétendrons pas même à la garde de la Ferme, à moins qu'elle ne foit fujette à un fervice militaire.

XLVI.

Nous ne prétendons point avoir la garde d'un Enfant Mineur, ou de la Terre qu'il tient d'un autre fous l'obligation d'un fervice militaire, fous prétexte qu'il nous devra quelque petite redevance, comme de nous fournir des épées ou des fleches, ou quelqu'autre chofe de cette nature.

XLVII.

Aucun Baillif, ou autre de nos Officiers, n'obligera perfonne à fe purger par ferment fur fa fimple accufation ou témoignage, à moins que ce témoignage ne foit confirmé par des gens dignes de foi.

XLVIII.

On n'arrêtera, ni n'emprifonnera, ni ne dépoffédera de fes biens, coûtumes & libertés, & on ne fera mourir perfonne, de quelque maniere que ce foit, que par le Jugement de fes Pairs, felon les lois du Pays.

XLIX.

Nous ne vendrons, ne refufe-

r _s, ou ne differerons la juftice à
perfonne.

L.

Nos Marchands , s'ils ne font
publiquement prohibés, pourront
librement aller & venir dans le
Royaume, en fortir, y demeurer ,
le traverfer par terre ou par eau ,
acheter, vendre , felon les anciennes coûtumes, fans qu'on puiffe
impofer fur eux aucune maltote ,
excepté en tems de guerre , ou
quand ils feront d'une Nation en
guerre avec Nous.

L I.

S'il fe trouve de tels Marchands
dans le Royaume, au commencement d'une Guerre, ils feront mis
en fûreté, fans aucun dommage de
leurs perfonnes ni de leurs effets ,
jufqu'à ce que Nous , ou notre

Grand Justicier, soyons informés de la maniere dont nos Marchands sont traités chez les ennemis, & si les nôtres sont bien traités, ceux-ci le seront aussi parmi nous.

LII.

Il sera permis, à l'avenir, à toutes personnes, de sortir du Royaume, & d'y retourner en toute sûreté, sauf le droit de fidélité qui nous est dû. Excepté toutefois en tems de guerre, & pour peu de tems, quand il sera nécessaire pour le bien commun du Royaume. Excepté encore les Prisonniers & les Proscrits, selon les lois du Pays, & les Peuples qui seront en guerre avec Nous, aussi bien que les Marchands d'une Nation ennemie, comme en l'article précédent.

LIII.

Si quelqu'un releve d'une Terre qui vienne à nous échoir, soit par confiscation, ou autrement, comme de Wallingford, de Boulogne, de Nottingham, de Lencaſtre, qui ſont en notre poſſeſſion, & qui ſont des Baronnies, & qu'il vienne à mourir, ſon Héritier ne donnera rien, & ne ſera tenu de faire aucun autre ſervice, que celui auquel il ſeroit obligé, ſi la Baronnie étoit en la poſſeſſion de l'ancien Baron, & non dans la nôtre. Nous tiendrons ladite Baronnie de la même maniere que les anciens Barons la tenoient avant Nous. Nous ne prétendrons point, pour raiſon de ladite Baronnie tombée entre nos mains, avoir la Garde-noble d'aucun des Vaſſaux, à moins que celui qui poffede un Fief relevant de cette Baronnie, ne relevât auffi de Nous, pour un autre Fief, fous l'obligation d'un fervice militaire.

L I V.

Ceux qui ont leurs habitations hors de nos Forêts, ne feront point obligés de comparoître devant nos Juges des Forêts fur des fommations générales, mais feulement ceux qui font intéreffés dans le procès, ou qui font cautions de ceux qui ont été arrêtés pour malverfations concernant nos Forêts.

L V.

Tous les Bois qui ont été réduits en Forêts par le Roi Richard notre Frere, feront rétabl s en leur premier état, les Bois de nos propres Domaines exceptés.

LVI.

Perſonne ne pourra vendre ou donner aucune partie de ſa Terre au préjudice de ſon Seigneur. C'eſt-à-dire à moins qu'il ne lui en reſte aſſez pour pouvoir faire le ſervice dû au Seigneur.

LVII.

Tous Patrons d'Abbayes qui ont des Chartres de quelqu'un des Rois d'Angleterre, contenant droit de Patronat, ou qui poſſedent ce droit, de tems immémorial, auront la garde de ces Abbayes, pendant la vacance, comme ils doivent l'avoir, ſelon ce qui a été déclaré.

LVIII.

Perſonne ne ſera mis en priſon ſur l'appel d'une femme, pour la mort d'aucun autre homme que du propre mari de la femme.

LIX.

On ne tiendra le Shire-gemot, ou la Cour du Comté, qu'une fois le mois, à moins que ce ne soit dans les lieux où la coûtume est de mettre un plus grand intervalle entre les Sessions, où l'on continuera de même, selon l'ancienne coûtume.

LX.

Aucun Shérif ou Baillif ne tiendra son Tour, ou sa Cour, que deux fois l'an ; savoir, la premiere, après les fêtes de Pâque ; la seconde, après la Saint Michel & dans les lieux accoûtumés. Alors l'inspection ou examen des cautions ou sûretés dont les hommes libres de notre Royaume se servent mutuellement, se fera, au terme de Saint Michel, sans aucune oppreſſion ; de telle maniere , que chacun ait les mêmes libertés dont il joüiſſoit ſous le regne de Henri I. & de celles qu'il peut avoir obtenues depuis.

LXI.

Que ladite Inſpection ſe faſſe de telle ſorte, qu'elle ne porte aucun préjudice à la paix , & que la Dixaine ſoit remplie comme elle le doit être.

LXII.

Que le Shérif n'opprime & ne vexe perſonne, mais qu'il ſe contente des droits que les Schérifs avoient accoûtumé de prendre ſous le regne d'Henri I.

LXIII.

Qu'à l'avenir, il ne ſoit permis à qui que ce ſoit , de donner ſa Terre à une Maiſon Religieuſe , pour la tenir enfuite en Fief de cette Maifon.

LXIV.

Il ne fera point permis aux Maifons Religieufes de recevoir des Terres de cette maniere, pour les rendre enfuite aux Propriétaires, & à condition de relever des Monafteres. Si, à l'avenir, quelqu'un entreprend de donner fa Terre à un Monaftere, & qu'il en foit convaincu, le don fera nul, & la Terre donnée fera confifquée au profit du Seigneur.

LXV.

Le droit de Scutage fera perçû, à l'avenir, felon la Coûtume pratiquée fous Henri. I. Que les Sherifs n'entreprennent point de vexer qui que ce foit, mais qu'ils fe contentent de leurs droits.

LXVI.

Toutes les libertés & priviléges que nous accordons par cette présente Chartre, à l'égard de ce qui nous est dû par nos Vassaux, seront observés de même par les Clercs & par les Laïques, à l'égard de leurs Tenanciers.

LXVII.

Sauf le droit des Archevêques, Evêques, Abbés, Prieurs, Templiers, Hospitaliers, Comtes, Barons, Chevaliers, & de tous les autres, tant Laïques qu'Ecclésiastiques, dont ils jouissoient avant cette Chartre.

Témoins, &c.

Il s'est élevé à l'occasion de cette Chartre une dispute qui a partagé la Nation. Les Royalistes ont prétendu que les priviléges qu'elle contenoit étoient une Conceſſion du Monarque ; & en effet cela eſt marqué expreſſément au commencement de l'acte.

Les Républicains ont ſoûtenu que la grande Chartre ne pouvoit rien donner au peuple qui avoit originairement tout en ſoi ; que les Rois d'Angleterre n'avoient jamais joüi légitimement & tranquillement du pouvoir Deſpotique; qu'on s'étoit ſeulement propoſé d'affermir la liberté naturelle & originaire de la Nation en rédigeant par écrit les droits qu'elle étoit déterminée à maintenir ; que le Souverain s'étoit engagé à deſcendre du Throne s'il entreprenoit.des uſurpations & s'il devenoit parjure.

Les Défenſeurs de cette opinion vont plus loin ; ils ſoûtiennent que quand les Rois auroient joüi d'un plus grand pouvoir, il étoit permis aux peuples de le reſtreindre. « Comme il n'eſt pas poſſible, di- « ſent-ils, qu'un gouvernement ſoit « ſi parfait qu'il n'ait quelque dé- « faut dans ſon origine, ou qu'il « ne s'y en gliſſe quelqu'un dans la « ſuite, il n'y en a point auſſi qui « puiſſe ſubſiſter, à moins qu'on ne « le ramene de tems en tems à ſon « premier principe par un acte au- « tentique de la puiſſance de ceux « pour qui il a été établi. Tous les « Souverains, continue-t-on, qui « regnent aujourd'hui en Europe « doivent leur Couronne à ce droit « ſacré. Les Peuples mécontens du « ſang & du gouvernement de leurs « Souverains ont fait paſſer le ſcep- « tre en des mains plus dignes de le

« porter. Si le Peuple n'a pas le
« pouvoir d'ériger une Magiſtratu-
« re nouvelle, il n'y en a jamais pû
« avoir de légitime, puiſqu'il n'y en
« a point d'éternelle, & qu'elles ont
« eu toutes un commencement.
« Vouloir que pour que la conſtitu-
« tion d'un gouvernement ſoit va-
« lable, on ne puiſſe pas remonter à
« ſon origine, c'eſt détruire viſible-
« ment la Monarchie, puiſque les
« premiers hommes n'avoient point
« de Roi. » Le Lecteur balancera
les avantages & les inconvéniens
de ces principes de droit naturel;
il eſt tems de reprendre le fil de la
narration.

Il n'eſt pas aiſé de concevoir,
& il eſt impoſſible d'exprimer ce
qui ſe paſſa dans le cœur du Roi,
lorſqu'il penſa férieuſement à la
lâcheté

lâcheté qu'il venoit de faire en accordant la grande Chartre. Rede-
vable de fa gloire à fes ancêtres,
& comptable de fon autorité à fes
defcendans, il fut défefpéré d'avoir
par une feule démarche flétri l'une
& ruiné l'autre. Sans craindre le
crime, ce Prince craignoit l'infamie. Son fang ou celui de fes ennemis devoit rétablir fa réputation.
Il avoit juré fon deshonneur, il
jura bien plus fincerement fa vengeance.

Innocent III. ce Pontife orgueilleux qui avoit toutes les vertus,
excepté celles de fon état, devint
fa reffource. Depuis long-tems les
Chefs de la religion franchiffoient
criminellement les limites que le
Ciel leur avoit prefcrites. Las d'é-
difier l'univers par leur piété, ils

commencerent à l'étonner par leur ambition. Au gré de leurs paſſions, la Chrétienté étoit un empire dont ils étoient les maîtres ; ils ne regardoient les Thrones que comme de ſimples Fiefs de leur Thiare ; & Rome moderne avec des Bulles voulut diſpoſer auſſi ſouverainement des Couronnes, que l'ancienne Rome l'avoit fait avec des armées. Ces odieuſes prétenſions réglerent les démarches de la Cour Romaine. Les Rois aſſez généreux pour ſoûtenir les droits du diadème furent excommuniés, dépoſés, & leurs ſujets délivrés du ſerment de fidélité. Dès-lors le lien précieux qui uniſſoit les Peuples & les Souverains fut rompu, les Nations ne virent plus que des Tyrans dans leurs Maîtres. Les Couronnes furent chancelantes fur la tête des plus grands Monarques, & les jours des meilleurs Rois en pé il. La révolte appuyée fur un faint motif & affûrée de l'impunité , ne connut plus de bornes. Le Roi Jean lui-même avoit éprouvé toutes ces horreurs. Le hafard, ou fon imprudence l'avoient brouillé avec Innocent ; pour fe réconcilier avec lui, il lui en coûta fon indépendance. Il ne fortit de l'abîme où les foudres du Pontife & la fuperftition du Peuple l'avoient jetté , qu'en foûmettant fa Perfonne & fa Couronne au faint Siége : Londres devint tributaire de Rome.

Le Prince , dont le défefpoir faifoit toute la politique , chercha dans le mal paffé un remede à fa fituation préfente. Un maître éloigné lui parut moins odieux qu'une multitude de tyrans domestiques. Il fit envisager au Pape les entreprises des Barons comme un attentat contre les droits de la Cour de Rome. Innocent quittoit peu le glaive : il s'en servit contre les rebelles qu'il excommunia , & déchargea le Monarque opprimé des promesses & des sermens que lui avoit arraché la violence. Jean comptoit beaucoup sur ces excommunications, & encore plus sur de bonnes armées. Son caractere & sa situation attirerent auprès de lui tous les scélérats de l'Europe qu'il flatta des plus grands établissemens, & qui se promettent un butin immense. Avec ces troupes, telles qu'il les lui falloit, ce Prince sortit de l'Isle de Wight où il s'étoit retiré depuis trois mois , & prit le chemin de Londres. Il trouva sur sa route le Château de Rochester qui l'arrêta trois mois entiers. Quoique Guillaume d'Albinet qui y commandoit , n'espérât ni secours des Confédérés , ni bon procédé de la part des ennemis , il empêcha un Arbalêtrier de tuer le Roi qui venoit reconnoître les breches que ses machines avoient faites à la Place. On lui représenta inutilement que ce Prince cruel & vindicatif n'agiroit pas si noblement dans une occasion semblable. *Il en sera ce qu'il plaira au Ciel,* repartit l'intrépide & généreux Anglois. *J'abandonne ce soin à la Providence , & ne puis consentir qu'on porte les mains sur l'oint du Seigneur.* L'évenement justifia bientôt la prédiction du soldat.

I iij

Les affiégés forcés de fe rendre après avoir fait tout ce qu'infpire la valeur & le défefpoir, alloient tous être livrés au Bourreau, lorfque Savary de Mauleon qui avoit amené un puiffant fecours du Poitou, s'y oppofa avec une noble audace. *Sire*, dit-il au Prince, *la guerre n'eft pas finie, & les armes font journalieres. Si vous faites pendre des gens de qualité, nous éprouverons un fort auffi honteux lorfque nous tomberons entre les mains de vos ennemis. A ce prix vous ne trouverez perfonne qui veuille fuivre vos étendarts.* Ce difcours n'éleva point l'ame de Jean, mais il lui lia les mains. Les Barons qui avoient défendu Rocheffer furent feulement retenus prifonniers, tandis que le Roi qui avoit partagé fon armée en deux corps, portoit le

fer & le feu dans toutes les parties
de l'Angleterre.

Les Seigneurs Anglois, qui en
commençant la guerre avoient tout
prévû, excepté ce déluge d'étrangers, sentirent tout le péril de leur
situation. Qu'on juge de leur em-
barras, ou pour mieux dire de leur
désespoir ; ils demanderent un
maître & un vengeur à la France.
Philippe Auguste y régnoit avec
une dignité inconnue depuis Charlemagne. Ce Prince étoit plus que
conquérant, il fut un grand Roi.
On lui reproche d'avoir fait quelques fautes à la tête de ses armées,
il n'en fit pas une seule dans son
conseil. Méprisant par grandeur
d'ame les conquêtes faciles, & par
bon sens les infructueuses , il s'occupa du soin plus utile & plus

noble de détruire les Fiefs & les grands Vassaux. En exécutant au moins en partie un projet si glorieux, ce puissant génie ranima , pour ainsi dire, les cendres de la Monarchie. Il commença par rendre les François heureux, il finit par les rendre redoutables.

L'éclat d'un si beau regne avoit ébloüi les Seigneurs Anglois & déterminé leurs vœux. Loüis fils aîné de France fut proclamé Roi d'Angleterre. Une Couronne est rarement refusée. Philippe & Loüis accepterent celle qu'on leur offroit : le premier pour affoiblir des ennemis trop puissans ; & le second par une vanité de jeune homme. En vain, pour les en détourner, Innocent menaça-t'il l'un & l'autre. Tandis que le Pere cherchoit à adoucir le Pape par des excufes; le Fils avec fept cens voiles alloit remplir fa deftinée. A fon arrivée tout plia dans l Ifle. Les principaux Seigneurs accoururent pour lui rendre hommage. Il entra avec eux dans Londres, moins en conquérant qu'en Prince légitime, qui auroit pris poffeffion d'une Couronne qui lui appartenoit. La Capitale entraînoit les autres Villes, lorfque le Legat en lançant contre Loüis les foudres de l'Eglife arrêta la révolution.

Le Roi fugitif auroit dû faifir ce précieux inftant pour adoucir fes Peuples; il s'en fervit pour les aigrir davantage par fes incendies & par fes ravages. L'inaction où il avoit vécu depuis que fon Concurrent étoit débarqué, fe changea en une frénesie barbare qu'il communiqua à ses aventuriers , ou qu'il reçut d'eux. Le Pays qui lui étoit fidele & celui qui ne l'étoit pas , tout fut également réduit en cendres. Il paroissoit avoir conçu le dessein furieux de s'ensevelir sous les ruines de ses Etats. Après avoir perdu presque tout, il voulut s'ôter jusqu'à l'espérance & à la consolation d'être plaint. Le chagrin mit fin à ses crimes dans ces circonstances. En mourant, il laissa son héritier Henri III. au berceau, son ennemi sur son Throne, & ses Peuples en possession de tenir tête à leurs Souverains.

La haine des Anglois s'éteignit par la mort de Jean : bien plus l'aversion qu'ils avoient pour lui se tourna contre les François. Ces

Etrangers étoient accusés depuis long-tems de traiter leurs Alliés moins comme leurs Compagnons que comme leurs Esclaves ; de travailler à les asservir à des manieres nouvelles au lieu de s'accommoder aux leurs ; de s'approprier tous les biens & tous les honneurs ; de ne confier aux Naturels du Pays, ni négociation, ni citadelle, ni commandement. Des hommes crédules ou mal instruits assûroient de plus que le Vicomte de Melun un des Chefs de l'Armée Françoise, avoit déclaré dans son lit de mort que le dessein de Loüis, dès qu'il se verroit affermi sur le Throne, étoit d'exterminer ou de bannir du Royaume les Factieux qui l'avoient appellé ; & que seize Seigneurs François s'étoient engagés par serment à appuyer ce projet de leur bras & de leurs conseils.

Cette calomnie que les soupçons avoient fait naître, & qui confirmoit à son tour les soupçons, fit des impressions très - profondes, toute absurde qu'elle étoit. Les Partisans de la Maison Royale s'en apperçurent & en profiterent. Ils firent sentir aux Confédérés, que leur procédé qui pouvoit peut-être être justifié par le caractere & le gouvernement du feu Roi, étoit devenu certainement inexcusable, depuis que par sa mort on avoit vû éteindre la tyrannie : que l'auguste Sang qui avoit donné de si grands Rois à la Nation, ne devoit pas être dégradé pour avoir animé un Prince vicieux & cruel : qu'un fils innocent & qui montroit du goût pour la vertu, ne devoit pas expier les fautes d'un pere imprudent & coupable : que l'amour de la liberté qui les avoit armés contre le Roi Jean, devoit leur faire détester un Prince étranger qui travailloit à les enchaîner : qu'il n'y avoit enfin qu'une union étroite entre tous les Membres de l'Etat, & sous l'autorité du légitime Héritier de la Couronne qui pût finir les maux de la Patrie, & la préserver d'une ruine entiere.

Ces raisonnemens présentés avec adresse, & par des hommes dont on étoit accoûtumé à respecter la vertu, ébranlerent les Confédérés : les incertitudes & les fautes du Prince qu'ils avoient appellé affoiblirent peu - à - peu les liens qui les unissoient à lui : la jeunesse de

Henri acheva de les gagner, & ſes inclinations réveillerent les eſpérances. On le proclama Roi âgé de dix ans. La grande Chartre, cette occaſion de tant de ſcenes tragiques, fut confirmée par le jeune Prince. Ses Partiſans garantirent ſa promeſſe, qu'on eut ſoin de lui faire ratifier dans la ſuite; & Loüis qui s'étoit familiariſé avec l'idée d'une Couronne, repaſſa la mer avec beaucoup de chagrin & fort peu de gloire : il trouva depuis dans ſon héritage de quoi ſe conſoler de la perte de ſa conquête.

III. ÉPOQUE.

Le Parlement s'établit sous le Regne de Henri III. l'an 1234.

LEs grands Princes fondent les Empires, les bons les affermissent, les mauvais les détruisent. La révolution commencée sous le Roi Jean doit se précipiter vers son terme sous le Roi Henri. La Minorité qui est la partie foible des autres Regnes fut la plus belle de celui-ci. Guillaume Comte de Pembrok, Grand Maréchal d'Angleterre qui avoit retardé la chûte du pere, & procuré ou hâté l'élévation du fils, fut chargé en qualité de Régent de l'administration des

affaires. Cet homme célebre se trouva heureusement d'un esprit assez
vaste pour embrasser toutes les
parties du Gouvernement, d'un
cœur assez élevé pour s'y consa-
crer, d'un bonheur assez constant
pour y réussir. Il joignit aux qualités brillantes, qui séduisent la
multitude, les vertus solides qui
procurent l'estime des honnêtes
gens. Il sut par ses soins étouffer
les dissensions civiles qui venoient
de déchirer sa Patrie, il rappella
les Sujets à leur devoir, contint les
Grands dans la soûmission, prévint
les plaintes du Peuple, réprima
les entreprises des Factieux, rendit la force aux Lois, rétablit l'ordre dans les Finances, remit la dis-
cipline parmi les Troupes, assûra
le repos du Royaume. Ces succès
furent

furent l'ouvrage de peu de tems, &
de beaucoup de défintéreſſement,
de droiture & d'application. L'é-
clat de ces grands évenemens ne
fut terni par aucune tache. Pembrok eut réellement cette magna-
nimité, dont la ſeule apparence a
fait tant de réputations immortel-
les. Il fut dans tous les ſens un
grand homme, & peut-être le meilleur Citoyen qu'ait eu l'Angleterre.

La mort du Régent qu'on regardoit, ſelon que le rapporte ſon
Epitaphe, comme un Soleil dans
le Conſeil, & comme un Mars
dans les Armées, fit prévoir aux
moins éclairés, que l'Etat venoit
de perdre le ſeul Pilote qui pût le
conduire. Comme la tranquillité, dont Pembrok avoit fait joüir

fa Nation , n'étoit pas l'ouvrage des Lois , mais de fa capacité , il n'y avoit que des qualités auſſi héroïques que les ſiennes, qui puſſent perpétuer ce bonheur. Malheureuſement le jeune Roi étoit né ſans talens , & plus malheureuſement encore l'éducation n'en donne point.

Henri n'auroit pas ſuffi à conduire un Etat tranquille , une Nation docile, des Sujets accoûtumés au joug ; & il prenoit les rênes d'une Monarchie , où il y avoit des affaires difficiles à négocier , des querelles violentes à ſoûtenir , des pertes immenſes à réparer , des prétenſions embrouillées à diſcuter, une ligue opiniatre à diſſiper. Pour ſoûtenir le poids de la Couronne dans ces conjonctures , il

auroit fallu un génie sublime, une
politique profonde, des vûes étendues, une fermeté inébranlable;
l'art de manier les esprits fâcheux,
d'occuper les inquiets, de fixer les
inconstans, de contenter les difficiles: & Henri fut un homme mou
qui ne sût jamais se roidir contre
aucun obstacle; un Maître foible,
qui sacrifia ses vrais Serviteurs à ses
ennemis; un Prince inconstant,
qui n'eut jamais de favori qu'il ne
disgraciât, ni d'ennemi qu'il n'ad-
mît à ses bonnes graces; un esprit
volage, qui entreprenoit par inquiétude & qui se désistoit par inconstance; une ame commune qui
craignoit peu le mépris & désiroit
peu la gloire; un cœur tremblant,
qui n'eut jamais le courage d'assûrer son repos par le sacrifice de

quelque tête factieuſe ; un Roi de Théatre, qui ne joüa jamais qu'un rôle emprunté, & qui n'eut de volontés que celles qu'on lui fit avoir.

Un tel caractere préſageoit à l'Angleterre un Regne agité & par conſéquent ſanguinaire. Ces malheurs furent ſuſpendus par l'habileté des deux grands Miniſtres qui remplacerent le Régent, je veux dire, Pierre des Roches, Evêque de Wincheſter, & Hubert Debourg, grand Juſticier d'Angleterre. Le premier étoit François, & le ſecond Anglois. L'un étoit celebre par ſes talens, & l'autre par ſes ſervices. Le François avoit contribué à l'élévation d'Henri, l'Anglois avoit arrêté le cours de la fortune de Loüis. Des Roches favoit utilement employer le glaive de l'Eglife , & Debourg l'épée du Prince. Le Prélat avoit l'apparence de plus de vertus , le Militaire en avoit de plus éclatantes : tous deux étoient ou devinrent avides de gloire, de richeffes, de confidération & d'autorité.

La concurrence de ces deux favoris fut d'abord utile. Elle anima leur zele fans exciter leur jaloufie. L'émulation depuis fe changea en haine. Chacun voulut être le premier en faveur & le plus grand en autorité. Pour parvenir à leur but, ils prirent des routes différentes. L'Evêque voulut fe rendre utile , & le Grand Jufticier agréable ; le premier prêchoit l'épargne , & le fecond la profufion : l'un étoit pour l'obfervation de la grande Chartre, & l'autre pour le Defpotifme. Des Roches eut le fort ordinaire des Miniftres aufteres, il fut facrifié au Favori, qui fe trouvant fans rival devint tout-à-fait le maître.

Dès les premiers jours de fon Adminiftration, Debourg aigrit la Nation par la révocation de la grande Chartre, ce fujet d'une divifion éternelle entre le Roi & les Barons; il la pouffa à bout bientôt après, en manquant l'occafion, toûjours précieufe aux Anglois, de nuire à la France. Une ligue formidable menaçoit cette Monarchie d'une ruine entiere durant la Minorité de faint Loüis. Le Comte de Boulogne fecond Fils de Philippe Augufte y étoit entré dans l'efpérance d'ufurper la Couronne : le Comte de Bretagne, pour

s'affranchir de l'hommage qu'il faifoit au Roi : la Comteffe de Flandres, par haine contre la Régente :
le Comte de la Marche, pour en-
vahir des Terres qui étoient à fa
bienféance : le Comte de Toulou-
fe, pour recouvrer les Places qu'on
lui avoit furprifes : le Comte de
Provence, par confidération pour
Raimond fon parent & fon ami :
quantité d'autres Seigneurs, par
air, par caprice, par légéreté ; &
comme fi ces forces réunies n'euffent pas été fuffifantes pour accabler un Roi enfant, les Rebelles
affocierent à leur haine & à leurs
projets le Roi d'Angleterre.

Blanche de Caftille, qui comme
toutes les perfonnes célebres a eu
un nombre prefqu'égal de Cenfeurs
& d'Admirateurs, avoit dans le
K iiij

vraï un grand courage & beaucóup de dextérité. Avec ces deux avantages, elle triompha des Rebelles en les divifant, & des Anglois en corrompant l'avide Debourg ; & ce ne fut pas le dernier fervice de ce caractere, que cet infidele Miniftre rendit à la France.

Henri fut inftruit des trahifons de Debourg, du moins il les foupçonna ; & cependant il ne changea pas de conduite. Accoûtumé à la dépendance, ce Prince indolent fe feroit trouvé embarraffé d'être Maître. Sans entrer dans l'examen fatiguant des bonnes ou des mauvaifes qualités des gens qu'il employoit, il trouvoit plus commode de porter le joug auquel il étoit accoûtumé, que de fe donner la peine de faire un choix plus utile, ou feulement un autre choix. Des mouvemens tumultueux & féditieux portés au pié du Throne par l'Evêque de Winchefter, & appuyés de fon éloquence tirerent à la fin le Monarque aveuglé de fa létargie. La tête de Debourg, ou du moins fon éloignement furent demandés d'une voix unanime ; & les Anglois ne mirent point de bornes à la haine d'un homme en place dont la faveur n'en avoit point eu.

Le Roi abandonna par lâcheté un Favori qu'il avoit d'abord pris par goût, & qu'il avoit gardé enfuite par habitude. Il fe trompa s'il prétendit effacer la honte de fa dépendance en rendant la chûte de fon Miniftre auffi humiliante qu'elle pouvoit l'être. Les Souverains étalent souvent le spectacle de leur orgueil sous prétexte de donner des preuves de leur justice ; & ils ne parviennent pas à justifier leur foiblesse ou leur inconstance en immolant la fortune, la réputation & souvent les jours de ceux qui leur avoient plû. Pour achever de regagner ses Sujets, Henri joignit le sacrifice de son autorité à celui de son Favori ; il jura de nouveau l'observation de la grande Chartre, & ce qui est plus agréable, s'il se peut, à la Nation, une haine éternelle contre la France.

La chûte de Debourg rendit à l'Etat un Ministre qui lui étoit agréable. Porté sur le Throne, si je puis m'exprimer ainsi, l'Evêque de Winchester étouffa les sentimens généreux qui l'avoient rendu autrefois l'idole publique. Son regne, encore plus que celui de son prédécesseur, fut le regne de la hauteur, de la duplicité, de la violence. Pour réaliser sans contradiction ses idées de Despotisme, il imagina de ruiner dans l'esprit du Roi ceux qui avoient intérêt à s'y opposer. Il représenta à ce Prince que les Barons fiers de leurs titres & de leurs usurpations, haïssoient la Royauté & la dépendance : que leurs charges & leurs gouvernemens en mettant dans leurs mains les forces de l'Etat, leur inspiroit ces prétensions orgueilleuses : que l'unique moyen de réprimer cette audace étoit de faire tomber ces premieres graces sur des têtes incapables d'en abuser : que des Etrangers qui n'auroient d'autre appui que le Throne , deviendroient à leur tour le sien, & les restaurateurs de la dignité Royale : il finit comme tous les ambitieux par des protestations outrées de zele, de désintéressement & d'obéissance.

C'est s'assûrer la confiance & la faveur des Rois que de leur fournir des vûes pour étendre leur autorité, ou des moyens pour en abuser. Henri adopta sans balancer le système de gouvernement qu'on lui proposoit ; & l'Angleterre se vit tout à coup inondée de Poitevins que l'Evêque de Winchester leur compatriote eut soin de revêtir des Places les plus utiles & les plus honorables de tout le Royaume. Quand les Barons auroient été moins éclairés & moins délicats, ils auroient été allarmés pour leur gloire & pour leur fortune. Richard, Comte de Pembrok, le Seigneur du Royaume le plus fier, le plus hardi, le plus accrédité se chargea de faire passer leurs craintes jusqu'au Souverain : *Sire*, lui dit-il d'une maniere vraiment Angloise, *des conseils pernicieux vous ont déterminé à appeller dans cette Isle des Etrangers orgueilleux & avides, qui prétendent nous dominer, qui oppriment la liberté publique, & qui anéantissent tout-à-fait nos Lois : ou faites cesser ce fleau qui détruit l'Etat, ou trouvez bon que les Grands du Royaume s'éloignent de votre Cour & de vos Conseils, pour ne point servir de joüet à leurs ennemis.* Pembrok n'avoit pas achevé de parler, que le Ministre qui étoit présent à ce discours repliqua vi-

vement : *Il eſt permis au Prince d'at-
tirer à ſon ſervice autant d'Etrangers
qu'il en jugera néceſſaire pour défendre les prérogatives de ſa Couronne,
& un aſſez grand nombre même, ou
d'aſſez puiſſans pour abbattre l'orgueil
de ceux qui s'oppoſent à ſes volontés.*

Une réponſe auſſi fiere & auſſi
imprudente cauſa un mécontentement général parmi les Barons ;
ils quitterent la plûpart la Cour,
& formerent une Confédération
dont le but étoit d'arrêter les progrès rapides du Deſpotiſme. Pour
rompre une ligue qui pouvoit devenir formidable, le Roi convoqua ſucceſſivement deux Aſſem-
blées où les Grands refuſerent de
ſe trouver. Henri étoit d'un caractere à être intimidé par cette réſiſtance ; ſon favori avoit pourvû aux

moyens de le raſſûrer, en faiſant lever hors du Royaume des troupes nombreuſes qui aborderent en Angleterre dans cet inſtant de fermentation.

Les Barons aigris par ce nouveau déluge de Poitevins, & le Roi enhardi par des ſecours ſi conſidérables, montrerent un empreſſement égal pour commencer la guerre : elle devoit être longue & cruelle à juger des choſes par les apparences. Les Sujets ne menaçoient leur Souverain de rien moins que de le déthroner, & de lui faire éprouver le ſort de Jean ſon pere. Le Souverain de ſon côté parloit de faire revivre le Gouvernement & le tems de Guillaume le Conquérant. Des haines ſi violentes ſe terminerent à des incendies, des ravages , quelques barbaries. Là mort du Chef de la Ligue le Comte de Pembrok que les perfidies du Miniftre procurerent ; la chûte du Miniftre lui-même qui fut l'ouvrage du Clergé , calmerent des troubles qui n'avoient ni deffein ni fuite. Le Roi livré à de nouveaux confeils fuivit de nouveaux principes ; il renvoya tous les étrangers chez eux , & promit d'obferver plus exactement la grande Chartre.

Le Regne de Henri fe paffoit ainfi à accorder des Priviléges & à les révoquer , à faire des fermens & à les violer , à céder fon autorité & à la reprendre , à fe rendre efclave de fes Peuples & à travailler à en devenir le tyran. Ces flots agitoient la Nation depuis près de trente

trente ans ; il étoit tems que le cahos se débrouillât, & que l'Etat
prît enfin une consistance. Le Mariage du Roi avec Eléonor de Provence hâta cet instant funeste.

Les Provençeaux, qui sous un
beau Ciel habitent une mauvaise
Terre, suivirent en foule cette
Princesse. L'Angleterre leur parut
une espece de conquête, dont ils
étoient bien resolus à tirer parti.
Le feu de cette Nation ingénieuse
s'étend à tout, à la fortune, au
plaisir, à la gloire. Ils voulurent
en arrivant que toutes leurs passions fussent satisfaites. Le Roi plus
dangereux par foiblesse, que les
Tyrans par méchanceté, se prêta à
leur impatience. Bientôt ces Etrangers eurent dans leurs mains tous
les biens, & sur leur tête tous les

honneurs de l'Ifle. Leur ambition, qni s'étendoit par le fuccès, fe trouva gênée par les bornes de l'autorité Royale ; ils les franchirent avec l'audace ordinaire aux génies ardens & aux Favoris. Les Priviléges de la Nation & les articles de la grande Chartre furent violés avec des excès que la Nation ne connoiſſoit point , qu'elle n'avoit pas même craints.

L'Anglois murmura de tous ces malheurs, & il eſt rare que l'Anglois s'en tienne au murmure. La révolte chez lui précede quelquefois la plainte , & ne manque preſque jamais de la fuivre. La capacité du Chef qui la conduit , en décide la durée & les avantages. Malheureuſement pour Henri , les mécontens engagerent dans leur cabale l'homme, je ne dis pas d'Angleterre, je dis de toute l'Europe le plus redoutable.

Simon de Monfort, Comte de Leyceftre, étoit François & fils de ce fleau des Albigeois qui feroit au-deffus de tout éloge, fi fes vertus avoient égalé fes talens. Héritier par fa mere des biens de la maifon de Leyceftre, il étoit devenu Anglois. Il afpira à tout par ambition, & il parvint à tout à force de mérite. Le Gouvernement de Guienne lui fut confié comme au feul Seigneur d'Angleterre, affez expérimenté pour dompter les Gafcons, & affez fier pour les humilier. Ces peuples ne fouffrent patiemment aucun genre de fupériorité, non pas même celle du vice. Le caractere de leur Gouverneur les défefpéra ; & Henri , fans qu'on en fache , ni qu'il en fût lui-même la raifon entra dans leurs vûes. Ce Prince crut qu'il n'y auroit pas plus d'inconvénient à ôter une grande place , qu'il n'y en avoit eu à la donner : il fe trompa. Leyceftre oublia la faveur qu'on lui avoit faite en l'envoyant en Guienne , & ne parut difpofé qu'à fe fouvenir de l'affront qu'on lui faifoit en le rappellant. Il dédaigna de fe juftifier , & demanda fierement la récompenfe de fes fervices , moins dans l'efpérance de l'obtenir , que pour avoir un prétexte de fe joindre aux Factieux.

Cet hypocrite ou enthoufiafte , & peut-être tous les deux ne fut pas plutôt à la tête de la ligue qu'il lui communiqua toute fa chaleur.

Nourri de tout tems des vûes les plus ambitieufes , il fut extrème dès qu'il jugea à propos d'agir. Il ne s'amufa pas à dénoüer le nœud gordien, il le coupa. Cependant profond dans l'art d'attifer le feu, il parut ne fe prêter que par zele aux impulfions que lui - même il communiquoit. Au mafque impofant de toutes les vertus, il ajoûta le talent fingulier de donner un air héroïque à fes vices. Il étonna fes Ennemis par le brillant de fon courage ; & par la fupériorité de fon génie, il fe rendit Maître des évenemens. Ses fuccès le porterent au - delà de fes efpérances: & fon ambition commença, pour parler ainfi, où celles des autres hommes eft fatisfaite. C'eft prefque un problème dans l'Hiftoire,

ſi Leyceſtre fut un tems vertueux ,
ou ſi les injures qu'il reçut du Roi
démaſquerent ſeulement ſa politique.

Les ligueurs, réunis, éclairés ,
affermis par un Chef de ce caractere , attendirent impatiemmént
l'inſtant décifif où ils pourroient
venger leurs injures particulieres
ſous l'étendart reſpectable de la liberté publique. Cette occaſion ſe
préſenta bientôt. Les derniers Rois
d'Angleterre, avoient aſſez impru-
demment aſſemblé les Grands pour
les conſulter dans les affaires im-
portantes , ou dans les périls que
couroit l'Etat. L'autorité eſt ſi ſé-
duiſante que les Barons ne crurent
pas pouvoir s'en paſſer , & qu'ils
n'omirent rien pour s'en procurer.
Inſenſiblement ils ſe mirent en poſ-

session du droit de régler les nouveaux subsides que des besoins pressans mettroient dans la nécessité d'impofer. Cette ufurpation leur fut confirmée par la foibleffe de Jean fans Terre , & par les priviléges ftipulés dans la grande Chartre : l'efprit de cette célebre piece dont on a tant abufé depuis fe réduifoit à affûrer la liberté des peuples, la propriété des Terres , l'immunité de toute taxe extraordinaire fans le confentement des Seigneurs. Henri plus prodigue que fes prédéceffeurs avoit formé plus fouvent l'affemblée qui fourniffoit à fes profufions, & lui avoit procuré par-là beaucoup d'éclat & de dignité. Son malheur ou plutôt fon imprudence voulut qu'il la convoquât à Oxford, lorfque les cœurs étoient le plus aigris, & les efprits le plus aliénés:

Le Roi dut fentir à la premiere Séance tout le danger de fa fituation. L'union, l'ordre, la fubordination des Confédérés, le fit trembler pour fa liberté; un grand Prince auroit tremblé pour fa gloire. L'exécution de la grande Chartre à laquelle on s'étoit borné jufqu'alors, fut la moindre des prétenfions qu'on forma. La réformation de l'état fut demandée du ton de la fédition. On propofa au Roi de nommer douze perfonnes, à condition qu'il feroit permis aux Seigneurs d'en nommer autant, pour décider les affaires publiques à la pluralité des voix. Les grands dangers mettent un caractere dans tout fon jour; on y montre toute fa gran-

deur ou toute fa foibleffe. Une autre dans cette occafion auroit mérité un Throne, Henri dégrada la
Royauté. Il confentit lâchement
que les vingt - quatre Commiffaires nommés, euffent la garde de
toutes les Fortereffes, la difpofition de tous les Gouvernemens ,
le choix de tous les grands Officiers de la Couronne ; & qu'ils pûffent convoquer tous les trois ans
au moins les Grands du Royaume
qui feroient autorifés à faire tous
les Réglemens qu'on jugeroit né-
ceffaires au bien de l'Etat.

Ces articles que l'on nomma les
ftatuts ou les expédiens d'Oxford,
éprouverent des contradictions. Le
Comte de Warren les trouva durs,
le Prince Edouard injuftes, Henri
neveu du Roi, humilians ; Richard

frere de Henri qu'on appelloit Roi des Romains depuis qu'une partie des Princes d'Allemagne l'avoit élu Empereur y trouva tous ces défauts à la fois. Il n'eut pas plutôt appris ce qui s'étoit passé, qu'il fit part aux Commissaires du dessein qu'il avoit formé de retourner en Angleterre pour les aider à pacifier les troubles qui divisoient la Nation. Le danger paroissoit égal de lui accorder ou de lui refuser l'entrée du Royaume. Ce Prince arrivoit avec une flote assez belle, & une armée bien disciplinée, ce qui le rendoit formidable quelque parti qu'on prît : on devoit craindre d'être opprimé si on montroit de la foiblesse, & d'être subjugué si on montroit de la vigueur. On imagina un tempérament qui eut du fuccès, ou parce que Richard étoit foible, ou parce qu'il n'étoit pas fort zélé pour les intérêts du Roi. L'entrée du Royaume lui fut offerte à condition qu'il jureroit l'obfervation des Ordonnances d'Oxford, qu'il feroit peu accompagné, & que le tems de fon voyage feroit limité. Les Députés qui apporterent ces conditions humiliantes furent reçus avec beaucoup de fierté. Richard parut également aigri, & de ce qu'on avoit changé le gouvernement durant fon abfence, & de ce qu'on mettoit des obftacles à fon retour. Cependant quand il vit qu'on ne fe laiffoit pas intimider par fes menaces, & qu'on étoit en état de lui réfifter, il fe foûmit à l'ordre établi, & s'y lia par les fermens les plus folemnels.

Rien n'échapa à la vigilance des Confédérés. Ils s'aſſûrerent de l'intérieur du Royaume en banniſſant les Etrangers, ces ſangſues ſi long-tems abreuvées du ſang Anglois. Une guerre avec les puiſſances voiſines parut capable de retarder ou de renverſer le grand ouvrage qu'on avoit commencé; ceux qui tenoient les rênes du Gouvernement prirent des meſures pour aſſûrer la paix. La France fut ſoupçonnée de penſer à faire des conquêtes en Guienne durant les guerres civiles qui déchiroient l'Angleterre ; on déſarma cette Couronne en lui cédant tous les droits qu'on avoit ſur la Normandie & ſur l'Anjou : ce ſacrifice paroiſſoit ſi grand aux Confédérés, qu'ils ſe crurent aſſû-rés dès-lors du ſecours de S. Loüis intéreſſé par-là, comme eux-mêmes, à ſoûtenir le nouveau Gouvernement.

Ces arrangemens occupoient les Commiſſaires, lorſque l'eſprit de diviſion qui avoit bouleverſé le Royaume ſe gliſſa parmi les Ligueurs. Il eſt ſouvent plus dangereux d'avoir des talens qu'humiliant de n'en avoir pas. On n'évite gueres le mépris qu'on ne devienne l'objet de l'envie. L'aſcendant que prit Leyceſtre dans la Confédération, en indiſpoſa contre lui les principaux Membres. Son habileté & ſon courage furent des crimes à des yeux jaloux, & ceux de tous les crimes qu'on étoit moins diſpoſé à lui pardonner.

Le Monarque indolent fut réveillé par ces différends. L'union

de ſes ennemis l'avoit comme dégradé, leur déſunion lui fit eſpérer
qu'il pourroit rétablir ſon autorité.
Roi & même grand Roi une fois
en ſa vie, il convoqua ſans tarder
un nouveau Parlement à Oxford,
d'autres diſent à Londres, pour
remettre toutes choſes ſur l'ancien
pié. Il fit l'ouverture de cette
Aſſemblée en Maître, & y reprit le
ton & les airs de Souverain. *Je vous
ai aſſemblés, dit-il, pour vous inti-
mer mes Ordres. J'anéantis les Con-
ventions que nous avions faites dans
des tems orageux. Vous m'en aviez
promis les plus grands avantages :
depuis trop long-tems j'en éprouve les
inconvéniens. Mon Royaume depuis
ce jour malheureux ſe trouve plus agité, & mon épargne n'a plus de reſ-
ſources. Puiſque je ſuis né Roi, je*

veux l'être. Reprenons chacun notre rôle, moi celui de Maître ; vous celui de Sujets.

Cette courte harangue rendit royaliftes les Ligueurs les plus outrés, & jufqu'à dix-neuf des vingt-quatre Commiffaires. Chez un autre Nation ce changement eût été un fuccès complet, ce ne fut rien en Angleterre. L'audacieux Leyceftre affermi dans un parti, où il croyoit que la gloire croiffoit avec le péril, éleva la voix, & l'adreffant aux nouveaux Partifans du Monarque, d'un air de reproche, d'indignation & de mépris : *Eft-ce qu'il vous eft permis*, leur dit il, *de violer des Sermens auffi folemnels que ceux que vous avez faits à Oxford. Le Ciel témoin de mes promeffes ne le fera jamais de mon changement. De ce pas je vais au pié des Autels en renouveller l'engagement inviolable.*

Le difcours du Roi n'étoit que grand, & celui de Leyceftre étoit outré ; il fe trouva par-là plus affor- ti à la circonftance & au caractere de la Nation ; auffi l'effet en fut-il incroyable : il fixa l'inconftance des uns, termina l'incertitude des au- tres, & ramena les plus éloignés. La guerre parut inévitable. Le Roi travailla d'un côté à recouvrer fon autorité, & les Seigneurs de l'au- tre à maintenir leur confédération. Tout parut en armes. On s'atten- doit chaque jour qu'une action dé- cifive apprendroit à l'Angleterre, fi elle devoit compter le Prince parmi fes tyrans, ou les Ligueurs parmi les rebelles. L'inconftance de la Nation, dit un Hiftorien,

lui

lui fut falutaire en cette rencontre.
Les premieres têtes de chaque parti changerent fi fouvent de Drapeaux, que des deux côtés on devint timide, parce qu'on ne favoit
fur qui on pouvoit compter. Des
guerres fans combat, & des négociations fans paix, confumerent
plus de deux années. Quelques fages des deux partis, propoferent
enfin de prendre le Roi de France
pour Arbitre des prétenfions mu-
tuelles des Sujets contre le Prince,
& du Prince contre les Sujets.
Henri l'accepta fans peine, & les
Grands avec répugnance, ne voulant point de Roi pour Juge dans
une caufe qui fembloit être celle
de tous les Rois.

Loüis préféra la gloire de juger
une Nation à l'avantage de la com-

battre. La Religion qui éleva fouvent fon courage, enchaîna toûjours fa politique. Les Confeffeurs
des Rois qui font depuis devenus
des hommes d'Etat, n'étoient alors
que des Solitaires ; & malheureufement pour la France, leurs fcru-
pules les plus mal fondés furent
fouvent préférés aux lumieres des
plus grands Miniftres.

Après quelques jours donnés à
l'examen de la caufe la plus fingu-
liere qui ait jamais été, Loüis pro-
nonça l'Arrêt qui tenoit l'Angleterre & la France, & même toute
l'Europe en fufpens. Par cet Arrêt
il caffa les Statuts d'Oxford, &
maintint cependant les priviléges
de la grande Chartre. Ce jugement
qui confervoit à chacun fes droits,
étoit l'ouvrage de la fageffe & de

l'équité même. Mais ce qui termi-
ne les différends est rarement du
goût des Rebelles. La plûpart se
récrierent contre l'Arrêt. Leyceſtre
plus adroit, prit un autre tour : il
prétendit que tous les articles d'Oxford, n'étant fondés que ſur la
grande Chartre, les Confédérés
avoient gagné leur cauſe, puiſque
par l'Arrêt même du Roi de France, la grande Chartre ſubſiſtoit en
ſon entier : ainſi le jugement le
plus modéré, le plus authentique,
n'eut d'autre effet que de faire ren-
trer dans l'ordre les Factieux les
moins paſſionnés, ou ceux qui mécontens de la faction même, cher-
choient un prétexte pour s'en sé-
parer.

Des diſpoſitions ſi oppoſées à la
paix, furent ſuivies de la guerre la

plus fanglante. Le bon parti prévalut d'abord. Henri également
fufceptible de préfomption & de
crainte, felon le tour que prenoient
fes affaires, réfolut de fuivre la fortune, & marcha droit à la Capitale.
Leyceftre alla au devant de lui , &
les armées fe trouverent en préfence à Leufes dans le Comté de Suf-
fex. Avant de pouffer plus loin la
querelle, l'auftere Chef des Confédérés , chercha à fon ordinaire à
mettre les apparences de fon côté.
Pour fe juftifier du fang qu'il alloit
répandre , il écrivit une lettre fort
foûmfe au Roi , & lui propofa un
accommodement ; mais toûjours
ferme , toûjours uniforme , il ne re-
lâchoit rien de fes prétenfions. Ses
foûmiffions furent mal reçues ; la
réponfe de Henri fut d'un maître

fier, d'un Roi irrité. Leyceftre s'y attendoit, & s'étoit préparé à la bataille.

Les Royaliftes étoient partagés en trois corps. Le Prince Edouard commandoit la droite, le Roi des Romains la gauche, & Henri le centre. Le Comte régla fa difpofition fur celle de fes ennemis. E-douard commença l'action. Il attaqua les Milices de Londres qu'il avoit en tête, les enfonça & les pourfuivit avec l'ardeur qu'infpirent la jeuneffe, la valeur, & la vengeance. Leyceftre qui obfervoit avec le fang froid d'un grand Capitaine les fautes de fes Ennemis, profita fans tarder de l'éloignement du jeune Prince pour fondre fur ce qui reftoit. Les Barons inftruits du fort qui les attendoit, fi le combat leur étoit contraire , attaquerent avec une impétuofité mêléc de défefpoir les troupes Royales qui n'avoient pas les mêmes raifons pour combattre avec la même animofité : elles plierent fans beaucoup de réfiflance & abandonnerent leur Chef à la difcrétion de leurs ennemis. Les deux Rois venoient de fe rendre , lorfque Edouard retourna triomphant de la pourfuite du corps qu'il avoit battu. Quoiqu'il vît qu'en courant après une . victoire chimérique, il en avoit laiffé échapper une véritable , il ne perdit ni le courage , ni le jugement. Sur le champ , il forma le projet hardi d'affaillir le Vainqueur, & il ne défefpéra pas de le pouvoir vaincre.

Si cette réfolution avoit pû s'exécuter fur le champ , elle pouvoit réuffir. Les Vainqueurs occupés à garder leurs prifonniers ou à pour-fuivre les fuyards, auroient diffici-lement foûtenu un choc auquel ils n'étoient point préparés. Mais le Prince ne trouva pas dans le cœur de fes Soldats, le noble défefpoir qui l'animoit. Le tems qu'il perdit à des harangues inutiles fut fage-ment employé par Leyceftre , à remettre fon Armée en ordre. Ce Général qui avoit fenti tout le dan-ger de fa fituation, n'avoit d'abord afpiré qu'à fe défendre. Quand il vit fes rangs une fois formés , il conçut bien d'autres efpérances. Il médita de fe faifir d'Edouard & de le faire fon prifonnier. Dans cet-te vûe , il lui fit porter quelques propofitions pour l'amufer , tandis qu'il l'enveloppoit par des détachemens multipliés pour lui couper la retraite. Le Prince se laissa prendre au piége. Il tomba entre les mains de son ennemi, & fut forcé de se soûmettre d'avance à tout ce qui seroit arrêté pour la réformation de l'Etat.

Leycestre savoit vaincre & profiter de sa victoire. Il ne vit pas plutôt la Famille Royale entre ses mains, qu'il résolut d'en tirer tous les avantages que sa politique put lui suggérer. Il dressa un plan de Gouvernement qu'il désespéra de voir jamais autorisé par le Roi, & qu'il songea à faire approuver par la Nation. La convocation parut embarrassante. D'un côté les Barons vainqueurs, ne vouloient pas appeller ceux du parti contraire, sous prétexte qu'ils étoient armés contre la Patrie. De l'autre on craignoit avec raiſon qu'une aſſemblée ſeulement compoſée d'une partie de ceux qui avoient un droit apparent d'y aſſiſter, ne fût regardée comme l'ouvrage de quelques particuliers. Pour prévenir cet inconvénient, Leyceſtre força le Monarque à créer certains Officiers, qui, ſous le titre de conſervateurs, nommerent de la part du Roi quatre Chevaliers de chaque Comté pour aſſiſter à la prochaine aſſemblée, & y repréſenter leurs Provinces.

C'eſt à cette Epoque célebre, qu'il faut je penſe rapporter l'origine du Parlement d'Angleterre. Les Hiſtoriens ne ſe trouvent perpétuellement en contradiction ſur cette importante matiere, que parce qu'ils ont négligé de s'inftruire ou de s'expliquer. Démêlons ce qu'ils ont obfcurci : trois mots fuf-fifent pour débrouiller ce cahos, qui a paffé pour impénétrable. Si par le mot de Parlement, on en-tend le droit ufurpé par les Barons d'accorder au Roi les impofitions extraordinaires, le Parlement re-monte jufqu'aux premiers Succef-feurs de Guillaume le Conquérant. Si par le mot de Parlement, on n'entend que le nom même, il a commencé à Oxford en 1258. Mais fi par Parlement, on entend une affemblée compofée des trois corps du Royaume, il faut en fixer l'origine à l'évenement de 1264. dont nous rendons compte : c'eft la premiere fois qu'il eft fait men-tion des Communes dans les ar-

chives de la Nation. Or les Hiſtoriens ſi attentifs à parler du haut
Clergé, & de la haute Nobleſſe,
ſous le nom générique de Barons
ou de Seigneurs qui poſſédoient
des Fiefs immédiats de la Couronne, auroient ils négligé ou évité
de parler du tiers Etat, s'il avoit eu
quelque part aux affaires publiques?
Si je ne me trompe cet argument
peut paſſer pour une démonſtra-
tion.

Il eſt vrai qu'à la premiere aſſemblée d'Oxford en 1258. quelques
perſonnes avoient été chargées ſpé-
cialement des intérêts du peuple:
mais comme le nombre des Députés fut limité à douze, & qu'ils n'é-
toient pas du corps des Communes, mais des Seigneurs feudataires immédiats de la Couronne, les

Adverſaires de l'opinion que j'ai embraſſée, ne peuvent pas tirer un grand avantage de cet évenement.

Le nouveau Parlement parut uniquement convoqué pour achever d'avilir le Throne, & de juſtifier la rebellion ; il prenoit les impreſſions de Leyceſtre, & ce n'étoient pas des impreſſions de vertu. Ce délié factieux vouloit le nom de Henri à la tête de tout, non pour s'en appuyer, mais pour le rendre mépriſable ; & le Roi priſonnier ſouſcrivoit à tout, ou par une honteuſe foibleſſe, ou dans la vaine eſpérance de changer de ſort. Sous l'autorité du ſceau royal, l'ambitieux Leyceſtre faiſoit expédier les ordres qu'il jugeoit convenables au bien de l'Etat, ou à ſes affaires particulieres ; ces deux choſes étant presque toûjours confondues par ceux qui tiennent le timon du gouvernement. Sans être sur le Throne, l'usurpateur de l'autorité royale, tenoit le Roi dans les fers, & la Nation sous le joug. Il y avoit mille criminels, & le chef seul profitoit du crime. Ses complices firent quelque chose de plus que d'en murmurer, ils prirent les armes, & le jeune Glocestre à qui sa naissance & ses talens donnoient de l'autorité, se mit à leur tête. Leycestre ne marcha pas, il vola à ces nouveaux ennemis, se faisant suivre de ses prisonniers. Edouard à qui on avoit fait savoir le dessein qu'on avoit de le délivrer trouva le moyen de tromper ses Gardes. Un jour qu'on lui avoit permis de monter à cheval, il franchit les bornes qui

lui avoient été preſcrites, & marcha avec tant de vîteſſe, qu'on ne
pût l'empêcher de joindre un corps
de Troupes qui l'attendoit. A peine le Prince eut pris le commandement de l'Armée de Gloceſtre,
que de tous côtés on ſe vint ranger
ſous ſes étendarts. La révolution
fut prompte. Pluſieurs places im-
portantes reconnurent l'héritier de
la Couronne, qui fier de tant de
ſuccès voulut tenter le ſort d'une
Bataille. Tout habile qu'étoit Leyceſtre, il ſe vit forcé à l'accepter;
& quoique brave, il la perdit avec
la vie, parce qu'il ne fut pas ſe-
condé.

Ainſi finit ſa carriere, le fonda-
teur du Parlement d'Angleterre,
un des hommes les plus ſinguliers,
& ſi on l'oſe dire, un des plus

grands hommes qui aient paru fur la fcene du monde. Jamais peut-être bon Citoyen n'a été tant loüé, jamais rebelle n'a été fi blamé ; & peut-être ne fut-il encore affez ni l'un ni l'autre. La Cour fe réjoüit de fa mort, & la Ville s'en affligea. Il fut traité par les uns comme un fcélérat, & honoré par les autres comme un Martyr. D'un côté on flétrit fa mémoire, de l'autre on vifita fon tombeau, & on lui fit faire des miracles. Etrange effet des préjugés, qui décident fi différemment du falut & de la réputation des hommes !

La chûte du chef de la rébellion, ou du *Catilina* Anglois, diminua les troubles, mais ne les finit pas comme on l'efpéroit. Le Roi qui étoit vindicatif comme la plûpart des hommes foibles, & avide comme tous les diſſipateurs .voulut ſatisfaire à la fois ſa vengeance & ſon avarice par la confiſcation des biens des Confédérés : elle lui fut accordée par un Parlement qu'il convoqua, & où il eut ſoin d'appeller plus de Courtiſans que deCitoyens. Les Tyrans ont pour maxime que la miſere retient les peuples dans la ſoûmiſſion ; cette fois là elle conduiſit les Barons au déſeſpoir. Diſpoſés d'abord après leur défaite au parti de la ſoûmiſſion, ils furent fixés dans la révolte par la ſévérité du Vainqueur. Leurs forces ſeconderent mal leur courage. Forcés en aſſez peu de tems dans l'Iſle d'Axholm, dans le Château de Kenelworth, dans l'Iſle d'Ely, & dans peu d'autres poſtes moins importans,

portans, ils furent obligés de fubir toutes les conditions qu'on jugea à propos de leur impofer.

Cette foûmiffion affermit le Throne du Roi légitime. Henri finit dans la paix un trop long regne, qu'il avoit paffé au milieu des orages. Il faut remonter à ce Prince mal habile & malheureux pour trouver la fource des fleuves de fang, qui ont depuis inondé l'Angleterre. Il laiffa des femences d'une difcorde éternelle à fes fuccef-feurs, en donnant à la grande Chartre une autorité, qui n'a prefque plus été conteftée, & en laiffant établir le Parlement qui a toûjours depuis fubfifté.

IV. ÉPOQUE.

Les Députés des Communes, qui étoient choisis par le Roi, commencent à etre choisis par leurs Villes & par leurs Provinces, sous le Regne d'Edouard premier en 1272.

A Peine Edouard avoit rétabli le Roi son pere sur le Throne, & assûré la tranquillité publique, qu'il alla chercher de l'occupation à sa valeur ou à son inquiétude dans la Palestine. Depuis plus d'un siecle, l'Asie étoit devenue l'école ou le tombeau de tous les braves de l'Europe. Un pelerin solitaire, qui sous des dehors grossiers cachoit une

grande ame , avoit formé l'écla-
tant projet de retirer les lieux Saints
des mains des Infideles ; & les plus
grands hommes de la Chrétienté
s'étoient chargés de l'exécuter. Tels
furent Robert Duc de Normandie,
plus qu'homme dans les combats ,
moins qu'homme dans la conduite : Etienne de Blois , Prince de
beaucoup d'esprit & de peu de
cœur : Robert Comte de Flandre ,
le plus grand partisan , & le plus
petit Général du monde : Hugues
Comte de Vermandois, timide dans
le Conseil , téméraire dans les armées : Boëmond Prince de Taran-
te , aussi propre à livrer bataille ,
qu'un autre à charger un parti :
Raymond Comte de Toulouse ,
grand homme de guerre, plus grand
homme d'Etat : Godefroi de Bouil-

lon, qui à tous les talens, joignit toutes les vertus.

L'union & la valeur procurerent à ces premiers Héros des croisades, les conquêtes les plus rapides : les vices opposés à ces vertus les firent perdre à leurs premiers Successeurs. Saint Bernard, dont le caractere bouillant & inquiet se portoit au grand & au singulier, prêcha une nouvelle croisade pour remédier à ces malheurs : mais il trouva un puissant obstacle dans Suger Abbé de Saint Denys, qui gouvernoit la France. Ces deux hommes avoient tous deux de la célébrité & du mérite. Le premier avoit l'esprit plus brillant ; le second l'avoit plus solide. L'un étoit opiniâtre & inflexible ; la fermeté de l'autre avoit des bornes. Le Solitaire étoit fpécialement touché des avantages de la Religion : le Miniftre, du bien de l'Etat. Saint Bernard avoit l'air, l'autorité d'un homme infpiré ; Suger les fentimens & la conduite d'un homme de bon fens. Un fage n'a jamais raifon auprès de la multitude contre un enthoufiafte. Les déclamations de l'un l'emporterent fur les vûes de l'autre ; & le zele triompha de la politique. Les fuites de cette entreprife également honteufes & funeftes, apprirent à l'Univers qu'un homme d'Etat lit mieux dans l'avenir, qu'un prétendu Prophete. Les affaires des Chrétiens Orientaux, allerent toûjours depuis en déclinant. Saint Loüis, dans l'efpérance de les rétablir, expofa fes Etats à être envahis, fes peuples à être ruinés, sa vie aux plus grands dangers; & le Prince Edouard partageoit les travaux ingrats de cette expédition malheureuse, lorsque la mort du Roi son pere le rappella en Europe, & le plaça sur le Throne.

Ce Prince trouva en arrivant dans ses Etats, une tranquillité & un ordre qui auroient surpris partout, & qui étoient miraculeux en Angleterre. Ce qu'on avoit éprouvé autrefois de sa conduite & de sa valeur, ce que la renommée publioit de sa modération & de sa constance, inspiroit à ses bons Sujets l'impatience de le revoir, & aux mauvais la crainte de lui déplaire. Pour éviter les malheurs inséparables de l'anarchie, il avoit été pourvû au gouvernement de l'Etat, jufqu'à l'arrivée du nouveau Monarque. Un Parlement modéré & zélé pour l'ordre, tel peut - être que l'Angleterre n'en a plus vû, avoit pris les plus fages mefures, pour affûrer le repos public. Une innovation remarquable rendit célebre cette Affemblée. Depuis que le peuple avoit commencé à prendre part à l'adminiftration des affaires publiques, le choix de fes Députés avoit été fans contradiction, au pouvoir du Roi. L'éloignement d'Edouard introduifit un nouvel ufage Les Villes & les Provinces élurent elles - mêmes ceux qui devoient les repréfenter, & qui dans les regles auroient dû être du choix des Régens du Royaume. Le Parlement les reçut ; & les Communes ont joüi depuis de ce privilége.

N iiij

Cette époque doit être, je crois, regardée, comme très-importante dans l'Hiſtoire que j'écris. La Nation n'a depuis été libre, que parce qu'elle s'eſt maintenue dans le droit de choiſir librement les Membres du Parlement qui la repreſente. Si le Souverain étoit parvenu comme il l'a ſouvent tenté à influer dans le choix des Députés, l'autorité Royale n'auroit preſque plus de bornes. Les Rois d'Angleterre qui ont joüi d'un pouvoir plus étendu que les autres, ne l'ont acquis qu'en procurant par leurs intrigues l'élection des perſonnes qui leur étoient dévoüées. Lorſque le Parlement ſe trouve ainſi compoſé, ce n'eſt plus le Monarque qui eſt reſponſable des injuſtices faites au peuple ; c'eſt la Nation elle-même

qui prend volontairement des fers.
La plûpart des troubles qui ont
agité cet Etat, ont trouvé leur
source dans les moyens violens
qu'il a employés pour sortir de la
servitude où l'avoient réduit des
Députés foibles ou intéressés. Les
suites même de la trahison ont fait
sentir davantage aux peuples l'importance du privilége.

Le nouveau Monarque vit avec
chagrin une usurpation si injurieuse
à l'autorité Royale. Il laissa penser
qu'il ne l'avoit pas apperçue, ou
qu'il n'en étoit pas offensé, pour
n'être pas obligé à éclater, ou pour
ne pas se rendre méprisable. Ce
Prince éclairé renvoya à un autre
tems le soin de contenir le Parlement dans ses bornes, ou, s'il se
pouvoit, de les resserrer. Une étude

férieufe & réfléchie du caractere de fa nation lui avoit appris , que , pour parvenir à la fubjuguer , il falloit avoir gagné fa confiance par des bienfaits , ou fon eftime par des prodiges. Des manieres obligeantes & ouvertes , même à l'égard des auteurs ou des chefs des difcordes paffées , lui ouvrirent des coeurs difficiles, fermés jufqu'alors à l'autorité : des exploits , qui à l'éclat de l'héroïfme ajoûtoient l'avantage de l'utilité , acheverent de rendre Edouard l'idole de l'Angleterre.

Leollin Prince du pays de Galles fut la premiere victime , que le nouveau Roi immola à la tranquillité de fes peuples. Les Gallois, reftes infortunés des anciens Bretons, avoient lutté long-tems avec fuccès contre les différens conquérans qui avoient soumis l'Angleterre. L'horreur des rochers devenus leur afyle, & l'excès de leur mifere, leur avoient infpiré pour la vie une indifférence qui les rendoit maîtres des jours de leurs ennemis. Tantôt vainqueurs, tantôt vaincus ; mais toûjours armés, toûjours prêts à combattre, il ne couloit pas une goutte de fang dans leurs veines, qui ne criât vengeance contre les ufurpateurs de leur Ifle. On vint à bout de les battre, mais jamais de les foûmettre. L'Angleterre n'exi-geoit point d'eux de tributs, elle fe contentoit d'un hommage : mais les Gallois préféroient la mort à cette marque de fervitude. Si leur chef le promit quelquefois, la Na-tion le défavoüa toûjours. La fureur des difcordes civiles n'exprime qu'imparfaitement l'acharnement de ces deux Nations. Le fier Leollin, à la haine héréditaire dans fon fang & dans fon pays, ajoûta le mépris le plus marqué des Anglois. Témoin & fouvent acteur des fcenes bifarres, qui avoient agité cette Nation fous le Regne de Henri III. il n'y avoit trouvé d'homme que le rebelle Leyceftre, & il avoit été fon ami. Mais l'Angleterre avoit changé de maître; & le nouveau Souverain de plan & de conduite. Edouard appuyoit fes prétenfions de l'épée. D'une main, il demanda l'hommage au Gallois, & de l'autre, il lui offrit la guerre.

Leollin confulta fon cœur, & non pas fes forces. Si fa réponfe fut d'abord équivoque, fa conduite l'éclaircit bientôt. Il parut le premier en armes : mais il joüa peu de tems le rôle de conquérant. Ce Prince n'avoit que du courage, de la fermeté, de la grandeur d'ame ; à ces avantages, le Monarque Anglois joignit de fortes armées, de nombreuses flottes. Investi par mer & par terre, l'orgueilleux Gallois s'humilia : mais sa haine en devint plus vive. Le Vainqueur avoit à peine regagné ses Etats, que l'embrasement parut général dans la Principauté de Galles. Edouard accoûtumé par ses victoires à se croire invincible, y envoya sans tarder, ses meilleurs Généraux pour l'éteindre. L'évenement lui apprit, que la fortune étoit attachée à sa personne. Ses Lieutenans furent battus. Le Roi s'y porta lui-même :

l'indignation, qu'il avoit témoignée contre celles de ſes Troupes qu'on avoit repouſſées, fut calmée par ce qu'il éprouva en perſonne. S'il n'alla pas juſqu'à craindre ſes ennemis, il ne put au moins s'empêcher de les eſtimer. Le déſeſpoir des Gallois balança long-tems ſon expérience & ſes forces. Il étoit douteux lequel des deux partis la victoire couronneroit, lorſque la mort de Leollin, qui périt en héros & dans un combat, changea la face de la Guerre.

Le Prince David ſon frere, fut ſon Succeſſeur. Sa haine pour les Anglois fut plus vive, ſes talens peut-être auſſi grands ; mais ſon autorité beaucoup moindre. Les différens corps Gallois animés juſqu'alors du même eſprit, commencerent à agir felon leurs vûes particulieres. Edouard, qui entretenoit une harmonie parfaite dans fon armée, prit bientôt un afcendant décidé fur des Troupes fi peu unies. Il s'empara de leurs Fortereffes, où il mit de fortes Garnifons, de leurs terres qu'il diftribua aux Conquérans, de leur Principauté qu'il unit à fa Couronne, & dont il fit porter le nom à fon Succeffeur. Ces fages arrangemens avoient été précédés d'un évenement qui les avoit rendus faciles. David avoit été fait prifonnier & conduit à Londres. Il y périt fur un échaffaut ; & la tête de Leollin fon frere fut expofée publiquement comme celle d'un rebelle. Il eft décidé dans l'Hiftoire, que les Héros auffi bien que les Ecrivains honorent rarement la vertu dans leurs ennemis. La honte de ce traitement fut toute entiere pour celui qui en étoit l'auteur. Il faut qu'Edouard fût né bien peu généreux, puisqu'il ne le fut pas dans une occasion, où il n'y avoit que de l'honneur & point de danger à l'être. Des larmes héroïques auroient honoré la cendre de ses ennemis, & sa victoire ; cette barbarie releva leur gloire, & ternit la sienne.

Le bruit, que faisoit dans l'Europe un procédé si cruel, fut étouffé par des évenemens plus considérables. A peine le Monarque Anglois avoit dénoüé cette tragédie, qu'il forma le nœud d'une autre, qui devoit être bien plus sanglante. La mort d'Alexandre III. Roi d'Ecosse, laissa sa Couronne en proie

à

à l'ambition de douze Compéti-
teurs. Pour épargner à leur Patrie
l'horreur des Guerres civiles , ils
accepterent un Arbitre de leur différend. Edouard fut choifi , parce
qu'il étoit en état , par fa fituation
& par fa puiffance , d'appuyer le
Jugement qu'il auroit prononcé. Ce
Prince éclairé chercha à profiter
de la circonftance , pour affûrer à
l'Angleterre l'hommage de l'Ecoffe , fi fouvent exigé comme un droit
inconteftable , & toûjours refufé
comme une prétenfion injufte. Les
Ecoffois rejetterent fierement ces
propofitions ; elles furent plus fa-
vorablement accueillies par les con-
tendans , chacun d'eux voulant fe
faire auprès de fon Juge un mérite
de fa foûmiffion. Des douze lâches,
il n'y en avoit qu'un , qui pût tirer

quelque fruit de fa lâcheté , & ce fut Bailleul. Il fut préféré, parce que fon droit étoit le meilleur, difent les Hiftoriens d'Angleterre ; & felon les Ecoſſois , parce qu'il étoit mons propre à foûtenir les droits de fa Couronne , contre les ufurpations d'Edouard.

Le nouveau Roi, en montant fur le Throne , agit d'abord en Prince foible ; les reproches ou le mépris de fes Sujets , l'accoûtumerent infenfiblement à penfer en grand homme. S'il n'eut pas le courage de refufer un premier hommage, il n'eut pas la lâcheté d'en rendre un fecond. Mais il éprouva, à fa confufion, qu'il n'eft pas auffi aifé de réparer une faute , que de la commettre. Quelque préparé que dût être ce Prince aux humiliations , il ne put ſupporter la péſanteur des fers dont on le chargeoit. Il renonça publiquement à la fidélité qu'il avoit jurée. Edouard plus irrité qu'il ne convient à un grand Prince, abandonna la Guienne aux armes victorieuſes de la France, pour ſubjuguer les Ecoſſois, & poſſéder à titre de conquête ce qui lui alloit échapper autrement. Berwick fut la premiere place qu'il aſſiégea. Il y trouva une réſiſtance à laquelle il ne s'attendoit pas, & qu'il crut ne pouvoir ſumonter que par la ruſe. Il feignit de lever le Siége, & fit répandre par ſes Emiſſaires, qu'il y étoit déterminé par la crainte du ſecours qui arrivoit aux aſſiégés. Quand il ſe fut aſſez éloigné pour n'ètre pas apperçu, il arbora les drapeaux d'Ecoſſe, & s'avança fierement vers la place , avec la confiance d'un Prince qui vient fecourir fes Sujets. La Garnifon féduite par ce ftratagème s'empreffa d'aller au-devant de fon libérateur. Elle étoit à peine fortie, qu'elle fut coupée par les Anglois , qui entrant précipitamment dans la Ville , y donnerent le fpectacle affreux de la plus cruelle vengeance. De-là Edouard marcha à Dumbard. Il trouva les ennemis fur fa route & les attaqua. La valeur des Anglois, ou , felon d'autres , la trahifon de quelques mauvais Citoyens rendit cette journée funefte à l'Ecoffe. De rivale qu'elle étoit de l'Angleterre, elle devint fa captive ; fon Roi fut fait prifonnier , confiné dans la Tour de Londres , & forcé à renoncer , en faveur du Vainqueur,

aux droits qu'il avoit fur la Couronne.

Dès-lors les Ecoſſois commencerent â être regardés comme Sujets des Anglois. Edouard s'empara
de toutes les Forterefſes qui lui
étoient néceſſaires, s'aſſûra de tous
les Seigneurs qui lui étoient fuf-
pects, changea toutes les lois qui
traverſoient ſes vûes. S'il ne ſe fit
pas couronner Roi d'Ecoſſe, c'eſt
qu'il voulut faire de cet Etat une
Province de l'Angleterre. Un traitement ſi rigoureux alluma dans les
cœurs Ecoſſois, un reſſentiment
que pluſieurs ſiecles n'ont pû éteindre. Pour avoir plus de droit de
haïr leurs tyrans, ils étoufferent des
plaintes qu'on auroit peut - être
écoutées. Ils aimoient mieux continuer à être malheureux, que de

devoir à la compaſſion d'Edouard, le ſoulagement ou la fin de leurs peines. Des ſentimens ſi généreux perſuaderent à un jeune Gentilhomme, nommé Guillaume Walleys, que la liberté Ecoſſoiſe n'étoit pas opprimée ſans retour, & qu'il étoit tems de penſer à la rétablir.

Walleys avoit des traits aimables & majeſtueux, la taille avantageuſe & impoſante, un corps fait pour ſoûtenir la douleur & la faim, l'eſprit étendu & juſte, un cœur avide de dangers & de gloire, le caractere propre à gagner des Partiſans & à les conſerver, le talent de la perſuaſion & de la parole à un haut degré, la ſcience & le goût des combats, un génie propre à conduire une intrigue & à s'en démêler, l'art de fûpporter gaiement & d'adoucir aux autres les plus grands malheurs ; une conftance qui s'affermiffoit par ce qui défef-pere les plus opiniâtres ; un défin-téreffement, que fes jaloux, fes en-nemis mêmes eurent honte d'avoir foupçonné. Il peut bien fe faire pourtant que l'ambition l'aidât à foûtenir fon entreprife : mais il eft certain que le feul amour de la Pa-trie la lui fit commencer.

L'étendart de la liberté levé par une main fi hardie & fi habile, fut bientôt fuivi. Les Héros créent d'autres Héros ou les développent. Tout ce qui fe fentit du penchant ou du talent pour les chofes ex-traordinaires, fe rangea autour de Walleys. Ses premiers fuccès lui faciliterent de nouveaux avantages, en augmentant la confiance de ses premiers compagnons, & en lui en donnant d'autres. Son attention à ne point faire de fautes, & à profiter de celles de ses ennemis, lui procura une supériorité qui étonna les deux Partis. Bientôt ce fut un torrent qui devenoit plus impétueux par les digues qu'on lui opposoit. En peu de tems l'Ecosse se vit purgée de ses tyrans, & elle déféra à son libérateur la qualité de Gouverneur du Royaume. Les grands titres, qui sont pour la plûpart des hommes le terme de leurs travaux, ne furent que le commencement de ceux de Walleys. Il n'eut pas plutôt délivré sa Patrie, qu'il s'occupa du soin de la venger ; il fit voir ses Drapeaux vainqueurs, jusques dans l'Angleterre

& fur la route de Londres.

Edouard n'avoit pas attendu ces dernieres extrémités pour raſſembler ſes forces. Il les conduiſit lui-même contre Walleys, qui avoit de plus à combattre la jalouſie des Grands du Royaume. Ce grand homme étoit coupable à leurs yeux du plus grand de tous les forfaits ; il avoit fait ce qu'ils auroient dû faire. Pour borner le cours, ou lui ravir l'honneur de ſes victoires, ces mauvais Citoyens l'obligerent à partager avec deux d'entr'eux le commandement de l'armée. Le Monarque Anglois inſtruit par ſes eſpions de ces démêlés, attaqua, ſans balancer, les Ecoſſois, dont peut-être, ſans cet incident, il auroit redouté l'approche. C'eſt avoir annoncé le fort de la bataille, que d'avoir parlé de la disposition des armées. Les Ecossois, qui ne savoient à qui obéir, furent taillés en pieces. Walleys, quoique vaincu, eut presque l'honneur de l'affaire. Il avoit montré dans la chaleur de l'action toute la valeur d'un soldat ; il fit une retraite digne d'un grand Capitaine. Jusques dans sa défaite, il fut redoutable à ses ennemis, & en bute aux traits des jaloux. Pour les appaiser & leur rendre la Patrie chere, il se démit du commandement. Après avoir gouverné l'Etat avec gloire, il rentra modestement dans l'ordre des Citoyens. On a voulu dire, que c'étoit parce qu'il désespéroit de la République ; il est évident que c'étoit en vûe de la rétablir. Il sacrifia son élevation au bonheur public.

Walleys n'eut plus l'autorité que donnent les grandes places, il n'eut que la confidération qui fuit le mérite héroïque. Ce qu'on favoit de fes généreufes difpofitions, retint, ou attira auprès de lui tous les Ecoffois, qui aimoient mieux mourir libres que de vivre efclaves. Avec cette troupe d'amis fupérieurs aux menaces & fur-tout aux careffes, l'intrépide profcrit fit trembler plus d'une fois l'Angleterre. L'Ecoffe éprouva des fortunes diverfes felon l'audace & les talens des nouveaux Régens. Walleys fut toûjours indomptable. La trahifon fit à la fin, ce que la haine, la valeur & la force n'avoient pû faire. Il fut vendu aux Anglois, qui toûjours uniformes dans leurs procédés, firent lâchement périr, comme traître, un vrai Ecoſſois, qui n'avoit jamais voulu reconnoître Edouard pour maître. L'infame ſupplice qu'on lui fit ſouffrir ne l'effaça pas du rang des plus grands Héros. On meurt toûjours avec gloire, quand on meurt pour ſa Patrie.

Le Roi d'Angleterre ne tira pas de la mort de Walleys tout le fruit qu'il s'en étoit promis. Les Écoſ-ſois, à la vérité, ſubirent aſſez pa-tiemment le joug durant quelque tems : mais les Anglois n'en devin-rent pas plus traitables, peut-être parce que les pertes qu'on faiſoit en France, balançoient les ſuccès d'Ecoſſe. Edouard faiſoit des cap-tifs, ſans ceſſer lui-même de l'être ; il étoit conquérant, & n'étoit pas encore Roi. Nous avons vû que le Prince, en montant ſur le Throne,

avoit diffimulé quelques ufurpations que les Communes avoient
faites durant fon abfence. ¡Lorfqu'il fe crut affez aimé ou affez
craint, il voulut effacer les taches
que fes deux derniers prédéceffeurs
& fa premiere complaifance, avoient
faites au throne. Il commença à régner fans fon Parlement ; & fans
s'embarraffer des priviléges de la
grande Chartre, il impofa lui-même des fubfides extraordinaires.

Avant que de prendre ce parti
généreux, le Monarque Anglois
auroit dû examiner avec foin, s'il
étoit afforti à fon caractere & aux
circonflances : le premier pas une
fois fait, il devoit fe roidir contre
les obflacles, que les prétenfions
orgueilleufes & le génie altier de
fes peuples lui faifoient voir dans

l'exécution de son entreprise. Mais la plûpart des hommes, des grands hommes mêmes , ne savent être hardis qu'à demi. Edouard, qui n'avoit pas ce courage d'esprit, infiniment plus rare & plus estimable que celui du cœur, manqua de résolution dans la premiere occasion, où il éprouva de la résistance. Il craignit de tout perdre par sa fermeté ; & il n'apperçut pas les suites plus funestes de sa foiblesse. La nation qui craignoit d'abord , commença bientôt à se faire craindre. Les Evêques , les Barons & les Communes, unirent leurs voix , leurs mécontentemens & leurs remontrances.

Le Prince, pour les appaiser , convoqua une assemblée , où il assûra lui-même aux Communes leur ufurpation. Il ordonna à tous les Cherifs d'Angleterre que chaque Comté ou Province députât deux Chevaliers, chaque Cité deux Citoyens, chaque Bourg deux Bourgeois au Parlement qui devoit s'aſſembler, afin de conſentir à ce que les Barons & les Pairs du Royaume jugeroient à propos d'ordonner, & de l'approuver. Il eſt évident par ces expreſſions, quand on ne le ſauroit pas d'ailleurs, que les Communes n'avoient pas voix délibérative, mais ſeulement repréſentative. Dans les actes authentiques de tous les Parlemens convoqués ſous ce regne, les Députés de cette Chambre ne parlent jamais au Monarque qu'en Supplians; ils lui repréſentent les griefs de la nation, & le prient d'y remédier par

l'avis de ſes Seigneurs ſpirituels &
temporels. Tous les arrêtés ſont
conçus en ces termes : *Accordé par
le Roi & les Seigneurs ſpirituels &
temporels aux prieres & aux ſupplications des Communes.* Le peu d'autorité qu'avoient les Communes
dans le Parlement, fit apparemment penſer à Edouard, qu'il n'y
avoit point de danger pour des
Souverains, à ſe dépouiller du droit
de les compoſer : la ſuite dût le
détromper. Il ne tarda pas à ſentir
qu'il y avoit plus de ſûreté & de
dignité à nommer les Députés qu'à
les recevoir. La multitude, qui juſqu'alors avoit aſſez ordinairement
appuyé le Roi contre les Barons,
commença à former des prétenſions, & voulut avoir des droits à
part. Les mouvemens qui ſe firent
dans

dans les Provinces pour le choix des Députés, reveillerent des idées de révolte mal assoupies. Le peuple, qui en Angleterre a autant de penchant pour la liberté, qu'il en a peut-être ailleurs pour la servitude, devint ambitieux, insolent & inquiet. Sans avoir droit de suffrage, il dicta souvent des lois au Monarque, & régla les résolutions des hommes d'Etat. Un changement si important ne fut pas l'ouvrage de plusieurs siecles. On peut dire que les Anglois sont le peuple le plus phlegmatique, & en même-tems le plus vif de l'Europe. Le court espace d'un Parlement à l'autre, suffit pour cette dangereuse fermentation. Edouard régna assez long-tems pour être témoin, & en un sens la victime de ces caprices.

P

Il se vit forcé à désavoüer les at=
teintes qu'il avoit données aux priviléges ou aux usurpations de la
Nation, & à promettre plus de retenue. Sa Déclaration fut envoyée
par-tout, & enregistrée dans tous
les Tribunaux du Royaume.

Un Roi trouve toûjours humilians & durs les engagemens qu'il
prend avec ses Sujets : Edouard les
trouva insupportables. Dans des
tems faussement éclairés, on compte les liens si respectables de la Religion pour rien. Dans ces siecles
barbares on se croyoit libre des
sermens qu'on avoit faits à Dieu,
par la dispense qu'en donnoit un
homme. Le Monarque Anglois,
pour rompre ses engagemens, s'a-
dressa selon l'usage au saint Siége.
Clément V. n'avoit pas porté sur

le Throne l'ambition de décorer la
liste des grands Princes & des saints
Pontifes.   Indifférent pour ce qui
étoit ou juste ou grand , il n'avoit
d'empressement que pour ce qui
étoit utile. Edouard lui fit part des
richesses de ses Etats ; & Clement
de son côté ouvrit les thrésors de
l'Eglise. Il fut permis au Prince
de recouvrer le plus qu'il pourroit de l'autorité que ses Sujets
avoient usurpée. La mort anéantit
ses vûes.

Les Historiens de différentes nations ont parlé si diversement de
ce Prince fameux , qu'il est difficile de s'en former une juste idée.
Les satyres sont venues des Ecossois ; les Anglois ont fait les éloges. Je ne crains pas d'avancer que
les uns ni les autres ne l'ont bien

connu , & j'oferai réclamer le jugement de ceux qui ne lifent pas
fimplement l'Hiftoire pour trouver des dates. Edouard n'avoit pas
ce qu'on appelle des principes , &
un caractere bien décidé. Ses vertus & fes vices dépendoient un peu
trop des occafions. Il étoit cruel ,
quoique brave ; modéré , quoique
conquérant ; vindicatif , quoique
généreux. Ses lumieres furent médiocres , fes fuccès brillans , fon
courage extraordinaire ; fes mœurs
étoient pures jufqu'à l'auftérité ;
fon équité exacte jufqu'à la dureté ;
fon amitié généreufe jufqu'à l'héroïfme. Téméraire vis-à-vis des ennemis qu'il méprifoit , il étoit irré-
folu avec ceux qu'il prenoit pour
fes égaux ; & il croyoit trop aifément qu'on pouvoit l'égaler. Son

regne fut dans tous les ſens ſon regne ; il n'eut ni Miniſtre ni Favori ;
ce que l'Hiſtoire remarque de peu
d'autres Princes.

V. ÉPOQUE.

*Les Barons usurpent l'autorité législative sous Edouard II.
1308.*

LE pouvoir de faire des lois a été dans tous les tems & chez tous les peuples, la marque distinctive de l'autorité Souveraine. Depuis que Guillaume le conquérant eut subjugué les Anglois, tous les Rois ses successeurs joüirent de ce droit suprème. Les diverses factions, qui dans un si long tems agiterent l'Etat, n'attaquerent jamais cette glorieuse prérogative L'Histoire nous a conservé le détail des lois qu'Edouard I. faisoit sans son Parlement. Il s'attribue à lui seul le pouvoir législatif ; & la Formule des Edits étoit : *Notre Souverain Seigneur le Roi a pourvû & établi les Actes suivans.*

La foiblesse d'Edouard II. son fils & son successeur, inspira de l'ambition à ses peuples, ou du moins leur fournit l'occasion de faire éclater celle qu'ils nourrissoient. Ce jeune Prince marqua son avénement au throne par une action honteuse & malheureuse, qui lui assûra sans retour la haine de ses Sujets, & qui décida de tous les évenemens de son regne.

Dès son enfance, Edouard s'étoit décrié par un goût excessif pour ses Favoris, dont le bruit public vouloit qu'il fît des Maîtresses. Comme on craignoit les suites funeſtes de ces ſortes d'engagemens, les *Mignons* furent écartés , & on s'aſſûra , le plus qu'il fut poſſible , que ce ſeroit pour toûjours. Les volontés des morts ſont rarement des ordres pour les vivans. Edouard n'attendit pas que le corps du Roi ſon pere fut enſéveli , pour violer ſes ſermens & troubler la paix publique. Gaveſton , celui - là même qui avoit le plus ſervi à corrompre ſes mœurs , fut rappellé avec honneur, & on n'oublia rien pour lui faire entierement oublier ſa diſgrace.

Gaveſton allioit les graces d'une aimable femme avec les talens qui font un grand homme. Il avoit une figure charmante , & un corps robuſte ; du goût pour les choſes frivoles , & de l'ambition ; la fureur de la parure, & la paſſion de la gloire ; le cœur tendre, & l'ame héroïque ; l'eſprit agréable, & les lumieres étendues. Avec les vertus des deux ſexes il avoit auſſi leurs défauts : il étoit efféminé & infatigable, galant & terrible, inſinuant & bruſque, poli & inſolent. Il outra ces trois caracteres qu'il réuniſſoit, la fierté d'un Gaſcon, les caprices d'un Favori, la dureté d'un Miniſtre.

Des hommes, ou ſi l'on veut, des femmes de cette trempe, n'allument jamais des paſſions modérées. Edouard rendit Gaveſton l'ame de tous ſes plaiſirs, le diſpenſateur de toutes ſes graces, le compagnon de tous ſes honneurs, le dépoſitaire de toute ſa puiſſance. Eſclave juſques ſur le throne, le

Monarque Anglois n'étoit occupé que du foin de plaire à fon amant ou du bonheur de le poſséder. Il ne recevoit d'hommage que pour le renvoyer à ce qu'il aimoit. Ne pouvant lui céder la Couronne, il l'en approcha en le nommant Vice-Roi de tous fes Etats. Edouard n'eut que le nom de Roi; Gaveſ-ton en eut l'autorité.

Un homme fage, pour défarmer l'envie, auroit tempéré l'éclat de fa faveur & de fa fortune; le fu-perbe Favori révolta les Grands, en triomphant orgueilleufement de la fienne. Ils trouvoient Edouard inconfidéré, & Gavefton vain. Ils blâmoient dans l'un la facilité à don-ner, & dans l'autre l'avidité à pren-dre. Le premier les révoltoit par une confiance aveugle, & le fe-

cond par des trahifons indignes. Ils
haïffoient Edouard parce qu'il ne
les ménageoit pas, & Gavefton parce qu'il les infultoit. Ils étoient également étonnés, & du Prince qui
ne voyoit pas le précipice qu'il fe
creufoit, & du Favori qui ne le
craignoit pas.

Cependant les Seigneurs n'écla-
terent pas d'abord. Ils attendirent
qu'Edouard fe fût tout-à-fait dégradé, Gavefton tout-à-fait oublié,
le peuple tout-à-fait indifpofé.
Alors ils porterent leurs plaintes au
Parlement, qui les appuya de toute fa puiffance. Le Roi fe vit forcé
à facrifier fon favori aux clameurs
publiques. Gavefton fut envoyé en
Irlande avec toutes les marques de
faveur, & tous les titres d'honneur,
qui pouvoient adoucir fa difgrace.

Cet exil fut court, parce que le Roi ne guérit point de sa passion; il redevint nécessaire, parce que Gaveston ne diminua rien de son insolence, qu'il l'augmenta même par l'alliance de son sang avec celui de son Maître.

Le nouvel orage qui perdit le Favori, fut formé avec grand éclat par le trop célebre Comte de Lancastre. Ce Prince tenoit à tout, au Throne par le sang, au Roi par ses dignités, à la vertu par des apparences, aux Grands par son ambition, aux amis par ses services, à la multitude par ses largesses, au soldat par sa valeur, au Parlement par son éloquence. Son nom seul attira l'Angleterre entiere sous ses étendarts. Tout le monde étoit convaincu que le parti, où il se trouvoit, étoit le parti de l'humanité, de la justice, de la Religion. Le Roi & son Favori virent grossir ce nuage sans s'effrayer. Leur fermeté ne venoit pas de leur courage, mais de leur indolence. Pour ne pas interrompre leurs plaisirs honteux, ils se cachoient à eux-mêmes le péril qui les menaçoit. Cette sécurité coûta la tête à Gaveston, & à Edouard son autorité ; l'on fit mourir l'un, on dégrada l'autre.

Les Factieux n'avoient pas attendu jusqu'aux momens dont je parle pour attenter aux droits du diadème. Le foible Edouard n'étoit monté sur le Throne qu'après en avoir sacrifié les plus beaux droits. Les Rois ses prédécesseurs avoient simplement juré à leur couronnement l'observation de la grande Chartre :

ce ferment qui donnoit lieu de croire que les droits des peuples avoient
pour fondement les Conceffions
des Rois, n'étoit plus du goût des
Anglois depuis qu'ils avoient fait
des ufurpations fur l'autorité Royale. Loin de fuppofer comme autrefois que cette Chartre fut le titre
primordial des priviléges accordés
à la Nation par le Roi Jean, on
ne voulut plus la regarder que comme une confirmation des anciennes prérogatives ; & ce fut pour appuyer cette prétenfion qu'on fit jurer à Edouard II. qu'il obferveroit
les Lois de S. Edouard.

La foibleffe du Prince étendit
l'ambition des Grands. Peu flattés
d'un avantage qu'ils partageoient
avec toute la Nation, ils délibére-
rent fur ce qui leur conviendroit

en particulier. Le pouvoir légiſlatif parut propre à relever leur rang & leur naiſſance , & ils déterminerent Edouard à leur en faire part : il jura qu'*il garderoit & feroit obſerver les Lois & les Statuts que le Parlement jugeroit à propos de faire.* A s'en tenir aux propres termes du ſerment , les Communes devoient joüir auſſi-bien que les Barons de cette nouvelle prérogative ; il eſt pourtant certain que la Conceſſion ne regardoit que les Seigneurs , & qu'ils n'eurent à combattre durant aſſez long-tems aucune concurrence de la part du peuple. Si cette déférence les raſſûroit d'un côté , l'inconſtance d'un Prince les alarmoit de l'autre. Une parole donnée par un Roi d'Angleterre à ſes Sujets ne paſſoit pas alors pour in-

violable. La ligue formée en 1311
contre Gaveston , parut propre à
forcer E louard à tenir ſes engagemens ; il ne put ſe défendre de ratifier au milieu de ſon regne ce
qu'il avoit fait au commencement,
& de faire pour ſe maintenir ſur le
Throne ce qu'il avoit promis pour
y monter.

Cette uſurpation ne fut pas d'a-
bord ſi affermie, qu'elle ne ſouffrît
dans la ſuite quelques difficultés.
L'Hiſtoire nous a tranſmis un mo-
nument précieux du Regne d'E-
douard III. tout-à-fait contraire
à cette brillante prérogative. Des
conteſtations aſſez vives diviſoient
la Nation ſur les forfaits qui devoient paſſer pour crimes de leſe-
Majeſté , & en ſubir la peine. Le
Parlement qui étoit aſſemblé s'a-
dreſſa

dreſſa au Roi, & le pria de faire
une Déclaration qui pût ſervir ſur
ce point important de loi à toute
la Nation. L'Acte qui ſubſiſte encore aujourd'hui ne fait aucune
mention ni de l'avis, ni du conſeil,
encore moins du conſentement du
Parlement. Il porte ſeulement en
termes exprès, que le Roi à la re-
quiſition des Seigneurs & des Communes a réglé ce qui ſeroit de haute trahiſon, & ce qui n'en ſeroit
pas. C'eſt le dernier Acte de ſou-
veraineté qui ſoit émané du Throne.

Je ne ſais ſi je me trompe, mais
il me ſemble que les Anglois ont
toûjours travaillé à rendre leurs
Rois mépriſables, pour avoir droit
de les mépriſer. Ils craignent autant un bon Prince, qu'on craint

Q

ailleurs un tyran. Je les crois convaincus que leur liberté, cette idole qui leur a coûté tant de sang, ne se trouvera jamais en péril que sous un Monarque qui les forcera à l'aimer & à l'estimer. Ce sentiment est si naturel à la Nation qu'on l'a trouvé quelquefois, & qu'on le trouva alors dans la Famille Royale. Lancastre, qui n'étoit pas loin du Throne, auroit dû profiter de l'ascendant qu'il avoit pris dans la Ligue, pour anéantir un engagement funeste à sa maison ; il le fit renouveller solemnellement. Plus avide de la faveur populaire que de l'espérance éloignée de régner, cet enthousiaste Républicain dépouilla son Sang à jamais du pouvoir suprème. Depuis ce tems-là le droit des Lois n'appartient pas plus au

Roi qu'à son Parlement. Pour en faire ou pour en anéantir, il faut nécessairement le concours des deux Puissances. C'est donc dans la réunion des deux Puissances que réside l'autorité Souveraine.

Afin de donner quelque consistance aux divers arrangemens pris avec le Monarque, les Grands qu'on commençoit dès-lors à nommer Lords l'obligerent par leurs intrigues, à prendre de leurs mains un Chambellan, qu'ils croyoient inviolablement dévoüé à la Ligue, & d'un caractere propre à former à la Cour un espion parfait. Hugues Spenser avoit un pere, d'un génie vaste & d'un cœur hardi, qui n'avoit paru que grand Capitaine, & qui se trouva délié Courtisan ; que l'intérêt avoit rendu Républiquain,

& qu'un plus grand intérêt rendit Royalifte. Cet homme ambitieux voulut faire joüer à fon fils un plus grand & plus noble rôle que celui qu'on lui deftinoit. Il lui perfuada de facrifier les intérêts des Barons aux fiens, & de travailler à devenir le maître de ceux qui fe regardoient comme fes protecteurs. Les graces du corps & de la figure, des mœurs fingulieres & dépravées, un caractere fouple & rampant, l'efprit gai & vif, une complaifance de tous les inftans & de tous les genres, donnoient au jeune Spenfer de grands droits fur le cœur d'Edouard ; il y régna. Dans la vivacité de ces nouvelles amours, tout fut permis au fils & au pere, qui comme tous les Favoris qui les avoient précédés, &

qui les ont fuivis, ne garderént aucune mefure, ni dans leur orgueil,
ni dans leur ambition, ni dans leur
vengeance. L'indignation publique les éloigna pendant quelque-
tems de la Cour, & même du
Royaume : mais la faveur toûjours
conftante du Roi les y rappella à
l'occafion que je vais dire.

La Reine, par je ne fais quel caprice pieux qui n'étoit pas dans fon
caractere, voulut faire un péleri-
nage à Cantorberi. Le Château de
Lédes fe trouva fur la routé, &
elle s'y préfenta pour paffer la nuit.
Comme cette place appartenoit à
un des auteurs des derniers troub-
bles, & que la confiance n'étoit
pas encore trop bien rétablie, l'entrée en fut refufée affez brufque-
ment. La Princeffe naturellement

fiere & vindicative, oublia qu'elle faisoit un voyage de dévotion, pour ne se souvenir que de l'injure qui lui étoit faite. Un homme peut bien quelquefois différer sa vengeance, mais celle d'une femme ne sauroit souffrir de retardement. Isabelle fit de ces éclats, dont il n'y a qu'une personne de son sexe qui soit capable. Il faut du spectacle pour frapper les Anglois, & ces clameurs attendrirent la multitude. Le Roi lui - même tout indolent qu'il étoit, servit la vengeance de la Princesse avec autant de vivacité que s'il l'eut aimée. Il leva sur le champ des troupes. Pour rassûrer ses Sujets qui commençoient à s'allarmer de ces mouvemens, le Monarque déclara autentiquement qu'il ne prenoit pas les armes pour faire la guerre à son peuple, mais seulement pour punir l'insolence d'un particulier. Cette proclamation contint tout le monde. Edouard se vit en état de faire agir librement son armée. Le Château de Lédes fut assiégé, pris & rasé. Ce succès, si l'on peut l'appeller de ce nom, enfla son courage. Il n'avoit pris les armes que pour appaiser la Reine ; il pensa à s'en servir pour se venger de ses ennemis, & pour rendre tout son lustre au Diadème.

Le Monarque sur ces entrefaites rappella les deux Spensers, pour s'appuyer de leurs lumieres dans son conseil, & de leur bravoure dans ses armées. Ce trait d'autorité, fait avec un air de sagesse & de dignité, qu'Edouard n'avoit pas mis jufqu'alors dans fes entreprifes, perfuada au gros de la Nation, qu'il fe fentoit en état d'être Roi, & qu'il étoit tems qu'ils repriffent la modefte condition de Sujets. L'idée qu'on avoit que ce Prince étoit puiffant, le rendit enfin redoutable. Le peuple qui avoit crû le parti des Seigneurs le plus jufte, parce qu'il étoit le plus fort, fe rangea de celui du Roi pour la même raifon. Les plus timides ou les plus fages des Lords confédérés rentrerent auffi dans l'obéiffance : mais ils furent reçus avec une hauteur, qui leur perfuada qu'on auroit mieux aimé devoir leur foûmiffion à la force des armes, qu'à un repentir lâche & intéreffé.

Le Comte de Lancaftre, ce Chef éternel de toutes les Ligues, voyoit avec chagrin fa faction affoiblie par les défertions continuelles. Pour la premiere fois de fa vie, il fe vit réduit à l'humiliation accablante, de fuir devant un Roi & des Favoris, qu'il avoit traités jufqu'alors avec le dernier mépris. La victoire donne toûjours des ailes au moindre foldat; les défaites les ôtent fouvent au plus intrépide. L'armée Royale atteignoit les Confédérés, & les attaqua. Les Rebelles étoient en trop petit nombre pour vaincre; ils ne pouvoient que mourir, & ils le firent avec courage. Lancaftre trop criminel pour mériter une fin fi glorieufe chercha la mort, & ne trouva que la fervitude.

Il y avoit deux partis à prendre fur ce redoutable Rebelle, & fur environ quatre vingt Seigneurs, qui avoient été faits prisonniers avec lui : celui de la justice, ou celui de la clémence. Le Roi selon les Lois pouvoit les punir ou leur pardonner. Il paroissoit dangereux de verser tant de sang illustre ; ce spectacle d'horreur pouvoit révolter plus qu'intimider ; & au lieu de rendre respectable l'autorité, la faire détester comme une tyrannie. D'un autre côté, les Confédérés avoient paru jusqu'alors trop jaloux de l'indépendance, pour qu'on pût compter sur leur soûmission. La générosité du pardon en les humiliant, devoit naturellement les aigrir contre la Cour, & les rendre irréconciliables. Faire périr les prisonniers, c'étoit pousser a bout leurs amis ; les relâcher, c'étoit les armer eux-mêmes. L'un étoit peut-être plus sûr, mais l'autre paroissoit plus noble.

. C'étoit plus de difficultés qu'Edouard n'en pouvoit résoudre. Par foiblesse, il inclinoit de lui-même à la douceur ; on le rendit cruel par foiblesse. Les Favoris lui persuaderent qu'il n'assûreroit son autorité que par la mort des Factieux, & il en signa l'Arrêt. Lancastre fut exécuté à Ponfret, & vingt-deux Seigneurs en divers lieux , pour jetter l'épouvante dans tout le Royaume.

Ce déluge du plus beau sang d'Angleterre remplit tous les cœurs d'effroi. On ne craignoit pas seulement d'agir, on osoit à peine parler. Le tems paroissoit venu de rétablir les droits de la Royauté, & d'arracher au Parlement la puissance légiflative, à laquelle il devoit d'autant moins tenir, qu'il n'en avoit pas encore fait ufage. Les Spenfers prirent malheureufement le change ; ils auroient affûré leur faveur en affermiffant l'autorité Royale ; ils ruinerent l'une & l'autre en pourfuivant la vengeance de leurs injures particulieres. La foudre tomba d'abord fur les trois principaux auteurs de leur exil, qui fe trouverent mêlés dans les derniers troubles. Orleton Evêque d'Hereford, l'Evêque de Lincoln, & Mortimer le jeune. Dans ces tems peu éclairés, fe confacrer au fervice des Autels, c'étoit s'affûrer l'impunité des outrages qu'on faifoit au Throne. Le Clergé exigea affez fierement l'élargiffement des deux Prélats, & Mortimer échappa à la fureur des Favoris par une avanture extraordinaire, dont on verra le dénouement dans la suite de cette Histoire. Un péril & des intérêts communs unirent ces trois hommes devenus célebres. Il résulta de ce Triumvirat un tout redoutable à la tranquillité publique. Le premier paroissoit né pour bouleverser le monde, le second pour le gouverner, le troisieme pour le conquérir. L'un avoit toute l'activité qu'il faut pour former un parti; l'autre la sagesse nécessaire pour le conduire; le dernier assez d'audace pour le faire agir. La Ligue avoit ses ressorts, son lien, son épée : elle manquoit d'autorité, & Isabelle lui en donna.

Cette Princesse indignée de n'être ni Reine ni Epouse, & ennuyée de la froideur du Roi & du mépris des Favoris, chercha un soulagement à ses peines dans un commerce étroit avec les Factieux. L'union fut bientôt formée, & la confiance parfaitement établie entr'eux. La perte des Spensers & peut - être celle d'Edouard fut jurée : des hommes nourris dans l'intrigue formoient l'entreprise, mais on manquoit de bras pour l'exécuter, & le découragement général de la Nation ôtoit jusqu'à l'espérance d'en pouvoir trouver.

Telle étoit la situation des affaires, lorsqu'on vit éclorre entre l'Angleterre & la France de ces semences de division qui ont commencé avec les deux Monarchies, & qui ne finiront probablement qu'avec elles. Les Mécontens qui avoient l'œil à tout, entrevirent dans ces démélés quelques circonſtances dont ils pourroient profiter pour leurs intérêts. Ils traverſerent ſous main & avec ſuccès les négociations entamées pour terminer ces différends, & firent adroitement inſinuer aux Miniſtres qu'il n'y avoit que la Reine aſſez aimée ou aſſez adroite pour adoucir l'eſprit trop aigri de Charles le Bel. Les Spenſers donnerent aveuglément dans le piége. Iſabelle fut priée de paſſer la mer pour aller rétablir la concorde entre deux Nations qui lui étoient ſi cheres, & pour réunir deux grands Princes dont l'un étoit ſon frere & l'autre ſon mari.

La Princeſſe, qui n'avoit été connue juſqu'alors que par ſes malheurs, commença un rôle à la Cour de France, qui ravit d'abord, qui étonna dans la suite, & qui finit enfin par effrayer l'univers. En peu de jours elle termina l'affaire des deux Couronnes avantageusement en apparence pour elles, mais dans le fonds relativement à ses seuls intérêts. Par ce Traité Charles rendoit au Roi d'Angleterre tout ce qu'il lui avoit pris, à condition que ce Prince viendroit en personne rendre hommage de la Guienne, ou qu'il en chargeroit Edouard son fils en lui cédant le domaine de cette belle Province. Cette alternative fut une adresse de la Reine, ou pour donner occasion à ses amis de bouleverser l'Angleterre, si le Roi sortoit de son Isle, ou pour fortifier son parti dans le Continent, si elle se voyoit maîtresse de la personne fonne du Prince fon fils. Le Confeil d'Edouard fe partagea dans une affaire de cette importance. Les Citoyens & les ennemis des Spenfers vouloient que le Roi gardât fes domaines, & rendît l'hommage : les Favoris & leurs créatures qui ne trouvoient nulle fûreté, ni à accompagner leur Maître en France, ni à demeurer fans lui en Angleterre, furent d'un avis contraire, & il prévalut. Le jeune Prince âgé d'environ treize ans, fut envoyé en France, & fon arrivée y fut le fceau de la paix entre les deux Nations.

La Paix ayant été publiée, & la réconciliation paroiffant fincere, Edouard crut qu'un plus long féjour de la Reine fa femme & du Prince de Galles à la Cour de

France , étoit inutile , & leur envoya ordre de revenir. Isabelle
étoit retenue à Paris par des liens
plus forts que les ressorts qu'on mettoit en œuvre pour l'en retirer.
Deux passions toutes deux extrè-
mes, l'amour & la haine, régnoient
dans son cœur. Elle conduisoit à
la fois une intrigue de galanterie
& une intrigue de politique ; & on
lui trouvoit pour les deux choses
un talent & un goût égaux. Mortimer que nous avons vû arraché
à la haine des Spensers , fut rede-
vable de son salut à la Reine , dont
il possédoit depuis long-tems toute la tendresse. L'intérêt de son
cœur avoit sû rendre la Princesse
si persuasive en cette rencontre ,
qu'elle l'avoit emporté dans l'esprit du Roi sur ses Favoris. Cepen-

dant en lui confervant la vie, elle n'avoit pû lui faire rendre la liber-té. L'amour infpira depuis tant de ftratagèmes au Prifonnier, qu'il trompa la vigilance de fes ennemis, brifa fes fers, & alla joindre la Reine en France, où ils fe dédom-magerent fans contradiction de ce qu'une féparation forcée leur avoit coûté de chagrin.

Cependant le foin de leur amour ne retardoit pas les préparatifs de leur vengeance. Leur parti étoit pris de ne retourner en Angleterre qu'en état d'accabler leurs enne-mis, & le Prince de Galles étoit du complot. Le Roi Charles féduit par les pleurs & les careffes d'une fœur aimable, époufa fes reffenti-mens. A la vérité, il ne prit pas ouvertement fon parti : mais il la

fervoit plus utilement fous main,
que par un éclat peut-être inutile,
& qui certainement ne convenoit
pas. Une belle femme qui difpofe
de grands thréfors, ne manque nulle part de Partifans. La Princeffe
ne fut plus occupée du foin de chercher des braves qui l'accompagnaf-
fent ; elle fe trouva feulement em-
barraffée à choifir ceux qui lui con-
venoient le mieux.

Le bruit des amours & des projets d'Ifabelle paffa bientôt jufqu'à
Londres. L'honneur & la fûreté du
throne parurent également en danger au Monarque Anglois. Il rede-
manda fa femme avec une colere
& des hauteurs qui révolterent
Charles ; mais les Spenfers plus habiles gagnerent par leurs profufions
tous ceux qui avoient du crédit fur

le Roi François. Dès-lors les Miniſtres commencerent à faire regarder comme un crime d'Etat l'appui qu'on donnoit à une épouſe viſiblement rebelle, & les devots comme un crime de Religion, la complaiſance qu'on avoit pour ſes déſordres. Les deux cabales unirent depuis leurs raiſons & leurs forces. Charles ſentit la néceſſité qu'il y avoit d'abandonner Iſabelle : on a prétendu même, qu'il s'étoit déterminé à la faire arrêter avec ſon fils, pour les renvoyer au Roi d'Angleterre.

La Princeſſe avertie de ce qui ſe tramoit, ſe retira aſſez en déſordre & mal accompagnée dans le Hainaut, où elle fut reçûe avec des honneurs extraordinaires. Jean de Hainaut frere du Souverain de cet-

te Province, se piquoit d'avoir toute la valeur & la générosité des
Chevaliers errans. Il assembla trois
cens Gentilshommes avec lesquels
il entreprit de ramener en Angleterre Isabelle qu'il trouvoit d'une
beauté parfaite, & dont les avan-
tures avoient fait du bruit. A leur
exemple, toute la jeunesse de la
Cour de Hainaut, se piqua de pi-
tié & de bravoure, & la Reine passa
la mer avec environ trois mille de
ces illustres Avanturiers. A son arrivée, la plûpart des Seigneurs Anglois joignirent des troupes aux
siennes. Edouard livré à l'incertitude qui avoit influé sur toutes les
actions de sa vie, se vit reduit à
fuir sans savoir où, & sans pouvoir
se fixer dans aucun endroit qui ne
fût rempli d'amis chancelans &

d'ennemis déclarés. Ne fachant plus quel parti prendre, ni fes Miniftres quel confeil lui donner, il fe réfugia avec fon Favori dans le pays de Galles, & le vieux Spenfer s'enferma dans Briftol, pour couvrir la fuite du Prince, & pour retarder les progrès des Mécontens. Cette Ville n'arrêta que peu de jours l'armée de la Reine, & la mort de fon défenfeur ne fatisfit pas fon reffentiment. Elle fuivit fa fortune, qui ne tarda pas à lui livrer le Favori, qu'elle fit mourir, & le Maître qu'elle fit enfermer.

Il eft des occafions, où il eft auffi embarraffant de réuffir que d'échouer, & Ifabelle fe trouvoit dans ces circonftances. Faire périr le Roi ou le rétablir, il n'y avoit pour elle qu'un de ces deux partis à prendre.

l'un mettoit ses jours en péril, &
l'autre ternissoit sa gloire. J'aime à
croire, pour l'honneur de l'humanité, que la Reine balança quelque
temps entre son devoir & sa sûreté ;
c'est tout ce que la suite de l'Histoire nous permet de penser de plus
gracieux de son caractere. Le Parlement, qu'elle assembla, & dont
elle ordonnoit tous les mouvemens, déposa le Roi prisonnier, &
éleva son fils sur le throne. La Reine, à cette nouvelle, joüa parfaitement le rôle d'une personne affli-
gée, & toute l'Angleterre chercha
des adoucissemens à une douleur,
qu'on étoit bien persuadé que la
Reine ne sentoit pas. Le Prince de
Galles que son âge rendoit moins
soupçonneux, fut peut-être le seul
qui se laissa toucher par ses feintes

larmes. Il en fut ſi attendri, qu'il ſit vœu de n'accepter jamais la Couronne pendant la vie du Roi ſon pere, ſans ſon conſentement exprès. Cette réſolution déconcerta le Parlement, & donna ſans doute occaſion à l'ouverture que firent quelques eſprits modérés, d'engager le Roi à céder par une démiſſion volontaire, un Sceptre qu'il ne pouvoit plus porter.

Edouard avoit été eſclave ſur le Throne; il ne fut pas libre dans les fers. Il finit, comme il avoit commencé, en lâche. De ſon conſentement, ſa Couronne paſſa ſur une tête plus heureuſe & plus digne de la porter. A ce prix, on conſentit à le laiſſer vivre : grace, ou outrage inutile ; la crainte de quelque révolution ſit hâter ſa mort. La Reine

Régente, & Mortimer son Amant & son Ministre, furent accusés de cet attentat. Le nouveau Roi le crut d'autant plus aisément, qu'il les détestoit l'un & l'autre pour leur orgueil & leur tyrannie. Il alla lui-même enlever le Favori jusques dans le lit de la Reine, & le fit périr. Isabelle elle même fut renfermée ; ses jours furent avancés ; & la justice le permettoit à un Roi, mais la nature le défendoit peut-être à un fils.

Telles furent les horreurs qui terminerent le tumultueux & malheureux regne d'Edouard II. Il fut une preuve, que les tragiques catastrophes sont plus communes sous un Roi sans talens, que sous un tyran sans humanité. On peut le regarder comme le destructeur de la Monarchie Angloise. En partageant l'autorité des Lois avec les Barons, il laissa à sa Nation une semence de guerres civiles que des torrens de sang n'ont pû étouffer. Ce Prince fut la premiere victime de ses imprudences : & l'Histoire d'Angleterre qui n'est gueres qu'une liste terrible des plus grands malheurs, n'offre peut-être pas des infortunes qu'on puisse comparer aux siennes.

VI. ÉPOQUE.

Les Communes ufurpent le Pou-
voir légiflatif fous le Regne
d'Edouard IV. 1461.

SI l'art de régner n'eft que celui
d'aſſûrer le bonheur des peuples ,
& la dignité , l'autorité , le repos
des Souverains, on peut dire qu'E-
douard III. que les Anglois nous
donnent pour un des plus grands
Princes qui ait jamais tenu le Sceptre , ne fut pas un grand Roi, à
prendre ce titre dans toute fon
étendue. Ce Monarque abrégea ,
par la difpofition du Roi fon pere ,
le chemin qui devoit le conduire au
Throne ; il l'illuſtra dans la fuite

par ſes exploits ; enfin il le désho-
nora par des amours ridicules ſu-
rannés. Son orient fut criminel, ſon
midi héroïque, ſon couchant malheureux. Il fit de grandes choſes ;
& ſes admirateurs prétendent qu'il
les fit par des motifs encore plus
grands. A les entendre, ſa grandeur d'ame étoit ſans ambition, ſon
courage ſans emportement, ſon autorité ſans précipitation, ſa juſtice
ſans cruauté, ſa vivacité ſans imprudence, ſa diſcipline ſans rigueur,
ſon reſſentiment ſans vengeance,
ſon autorité ſans orgueil. Les Anglois diſent ordinairement tant de
mal de leurs Rois, qu'on leur par-
donneroit ſans peine d'outrer l'é-
loge de celui-ci, ſi ce Prince leur
étoit cher par un motif plus juſte & plus généreux, que celui de

ſes ſuccès & de ſa haine contre la France.

Il ſe peut après tout, qu'Edouard eût été un Monarque parfait ſur un autre Throne : mais celui des Anglois eſt ſi orageux & ſi gliſſant, que je le crois plus difficile à remplir que celui de la plûpart des autres peuples. Il paroît que ce Prince ne connut pas les intérêts de ſa Couronne, ou qu'il craignit le génie de ſes Sujets. Il manqua de lumiere ou de fermeté. Les breches faites à l'autorité Royale ſous un Roi mépriſé, devoient être réparées par un Prince admiré, avant que le tems les eût affermies. Il falloit, je l'avoüe, braver quelques murmures, & courir peut-être quelques riſques pour y réuſſir : mais a-t-on droit au titre de Grand,

quand on eſt rebuté par de tels ob-
ſtacles ?

Pour éviter un léger péril, E-
douard jetta ſes ſucceſſeurs dans les
plus grands dangers : il n'eut de
courage que pour vaincre ſes ennemis, il en manqua pour forcer ſes
Sujets à devenir heureux. S'il fit le
bonheur de la génération qu'il gouvernoit, ce fut aux dépens des gé-
nérations qui la devoient ſuivre.
Dépourvû de vûes générales, &
entraîné par le cours des circonſtances, ce Prince n'étendit pas ſa
prévoyance plus loin que ſon Regne. Il parut plutôt faire la guerre
par inquiétude que par ambiſion.
Tout le crédit qu'il avoit dans ſon
Parlement, il le fit ſervir à ſes conquêtes, au lieu qu'il auroit dû faire
ſervir ſes conquêtes à ſe rendre maî-

tre de ſon Parlement, & à le reſſer-
rer dans ſes vraies bornes. L'envie
d'être aimé, & de petits intérêts
particuliers, qui ſont la ruine de la
politique, lui firent négliger ou ſa-
crifier les avantages de ſa Couronne : ſes triomphes mêmes, en élevant le courage & les prétenſions
des Anglois, devinrent funeſtes à
ſes ſucceſſeurs. On eſt fâché de le
dire, quoique vrai ; un Roi d'Angleterre doit mettre ſes Sujets au
nombre de ſes ennemis, mais ennemis dont il eſt pourtant obligé
de faire la félicité ; & Edouard fut
ſi éloigné de ſentir cela, qu'il voulut régner ſur les Anglois, comme
il avoit régné ſur un autre peuple.
Enfin l'Angleterre auroit eu beſoin
d'un Maître conſommé dans l'art
de régner, & celui dont je parle

ne

ne fut qu'un Héros inftruit dans celui de vaincre. Il eut un grand nombre de fils qui furent fa force durant fa vie, & la ruine de fes Etats
& de l'autorité Royale après fa
mort.

Les defcendans des Ducs d'York
& de Lancaftre fon troifieme &
quatrieme fils, fe difputerent long-
tems & vivement la Couronne.
Pour appuyer leurs prétenfions, il
fe forma deux Factions célebres en
Angleterre, fous le nom de Rofe-
Rouge & de Rofe-Blanche. La premiere appuyoit la Maifon de Lancaftre, & la feconde la Maifon
d'Yorc. L'Hiftoire eft fouillée des
horreurs auxquelles ces Factions fe
livrerent. Leur fureur égale à l'ambition des Chefs, fit de l'Angleterre, pendant* près d'un fiecle,

un théatre de carnage & de fang. Il s'établit entre les Princes des deux Maifons, des principes fanglans qu'on a peine à croire. Les Chefs des deux Partis ne paroiffoient fe faire la guerre, que pour favoir qui auroit droit d'exterminer plus de Citoyens. Ces tyrans ne fe lafferent jamais de leurs barbaries ; & par un défefpoir affreux, la Nation entiere s'affocia en quelque forte à leurs fureurs & à leurs haines. Dès-lors ce ne fut plus une guerre réglée, c'étoient des maffacres continuels. On ne demanda plus, on ne fit plus de quartier. Il ne fut plus permis de vivre en paix, ni d'y laiffer vivre les autres ; & les Anglois ne voulurent plus de maîtres, qui n'euffent été portés fur le Throne par des fleuves de fang.

Les Monarques voulurent s'affûrer par l'infamie un Throne qui auroit été mieux affermi par le courage ; ils ne regarderent leur élévation que comme le pouvoir de faire des crimes. Ne trouvant pas dans
leur génie des reffources pour furmonter les périls qui les entou-
roient, ils appellerent à leur fecours les forfaits ; ils furent tous
des monftres ou par foibleffe ou
par cruauté ; & l'échaffaut ne fut
pas le fupplice le plus barbare & le
plus honteux qu'ils firent fouffrir à
leurs ennemis.

Auffi éprouverent-ils les inquiétudes que donne une élévation
achetée au prix de l'honneur & de
la vertu. Comme la plùpart n'a-
voient formé de plan que pour leur
élévation, & n'en avoient pas fait

pour la foûtenir, ils furent renver-
fés. Après la premiere ivreffe de la
nouveauté, les peuples abandon-
noient l'idole qu'ils s'étoient faite.
Les Anglois animés de cet efprit
d'indépendance qui les porte à fe-
coüer le joug, ou de cette impatience qui leur fait defirer de changer de maître, ne mirent plus de
bornes à leurs entreprifes. On avoit
donné le Throne fans équité, & on
l'ôtoit par caprice ; les déthrone-
mens flattoient la vanité de la Nation, & lui fervoient d'occupation.
Le peuple voyant fucceffivement
paffer fous fes yeux plufieurs Rois,
ne s'accoûtuma à aucun, & la révolte perdit ce qu'elle avoit d'o-
dieux, parce qu'elle devint fréquen-
te & générale.

Le Parlement profita de ces divi-

sions pour achever de ruiner l'autorité Royale. On l'a pû remarquer
jusques ici : Ce n'est que dans les
malheurs de la Patrie, que ce grand
Corps a puisé ses droits. Il lui a
fallu exciter des troubles ou les fomenter, pour parvenir à se rendre
redoutable à ses Maîtres. Ses prétensions ou ses chimeres furent surtout nourries par les deux Factions,
qui se disputoient non le cœur,
mais le Sceptre des Anglois. Il est
vrai que les Pairs n'avoient rien à
desirer, depuis qu'ils partageoient
le droit des Lois avec leurs Souverains ; mais les Communes ne joüissoient pas de cet avantage : elles
le souhaitoient pourtant passionnément, & elles l'acquirent de la maniere que nous allons dire.

Après la mort d'Edouard III.

Richard II. fils de ce Prince de Galles qui fut le plus grand homme & le plus honnête homme de son fiecle, monta fur le Throne. Il n'y porta ni les vertus d'un Chrétien, ni les qualités d'un honnête homme, ni les talens d'un grand Roi. Son Regne fut celui des femmes, des Favoris, des Miniftres. Il manqua également d'efprit, de cœur, de mœurs. Il ne fût ni parler, ni agir, ni mourir en Prince.

Le Duc de Lancaftre qui le déthrona, prit le nom de Henri IV. Le nom d'un ufurpateur réveille naturellement de grandes idées. Celui dont nous parlons n'eut, par un privilége humiliant, ni des vices éclatans, ni l'apparence de grandes vertus. Il connoiffoit peu la guerre, médiocrement le cabinet, souverainement l'intrigue. Son Regne ne fut ni obscur ni brillant; sa domination ni tyrannique, ni paternelle; son Etat ni violemment agité, ni toûjours tout à fait tranquille. Il fut loüé des Ecclesiastiques, parce qu'il défendit les biens du Clergé contre les entreprises du Parlement: des Dévots, parce qu'il fit brûler les Hérétiques: des Poëtes qui commencerent alors à fleurir en Angleterre, parce qu'il les paya bien.

Henri V. son fils & son successeur régna plus glorieusement. Sa jeunesse avoit annoncé un Prince sans honneur, sans mœurs, sans génie. La Couronne qui corrompt les autres Princes le rendit vertueux. Il étonna l'Angleterre par l'étendue de ses lumieres, par la

fermeté de fon ame , par l'opiniâtreté de fon travail. Son ambition
fut éclairée quoique démefurée; fa
valeur prudente quoique audacieu-
fe ; fa politique plutôt profonde
qu'artificieufe. Si l'ennemi fe plai-
gnit quelquefois de fa cruauté, &
le foldat de fa févérité , fes Sujets
fe loüerent toûjours de fa modération. Les Princes fages qui ont voulu rendre leurs peuples capables de
grandes chofes , ont toûjours commencé par élever leur courage , en
affermiffant leur liberté : des Nations efclaves font toûjours lâches,
& néceffairement ennemies desMo-
narques qui les gouvernent. Henri
qui avoit formé de grands projets,
crut avec raifon que leur exécution dépendoit de l'harmonie qu'il
établiroit entre les différentes Puif-

fances de la Monarchie. Il fut affez habile & affez heureux pour bannir de fes Etats cette défiance cruelle qui avoit toûjours régné entre fes prédécofleurs & le Parlement. Comme il n'empiétoit pas fur les privileges de fes Sujets, ils ne cherchent point à attenter fur fes droits. L'Angleterre dût la conquête de la meilleure partie de la France à une union fi précieufe, & à l'imbécillité de Charles VI. aux fureurs de la Reine, à la jeunefle du Dauphin, aux divifions des Miniftres.

Son héritier Henri VI. n'eut pas fon bonheur, encore moins fon mérite. Il ne monta fur le Throne que pour l'avilir. Ce Prince poufla l'indolence jufques à haïr fans retour quiconque ofoit lui parler d'affaires ; l'infenfibilité jufqu'à voir d'un œil indifférent les étranges évenemens qui partagerent fon regne ; la facilité jufqu'à fe livrer à tous les ambitieux qui voulioient bien fe donner la peine de le gouverner ; l'incapacité jufqu'à ne point diftinguer un confeil qui devoit affermir la Couronne fur fa tête, d'un confeil qui l'en devoit faire tomber ; la fimplicité jufqu'à croire toûjours finceres les difcours des Courtifans, quoiqu'ils n'euffent pas foin eux-mêmes d'y mettre de la vraifemblance. Un tel caractere rendit Henri méprifable à fes Sujets ; la pureté de fes mœurs le garantit de leur haine. Ce fentiment violent étoit réfervé tout entier pour la Reine Marguerite d'Anjou, qui ne lui laiffoit que le nom de Roi. Cette

Princeſſe, la plus belle de ſon ſiecle, brilloit également dans un cercle, par les agrémens de ſa converſation ; dans une ſociété de gens d'eſprit, par la fineſſe & la juſteſſe de ſes idées ; dans le Gouvernement de l'Etat, par l'étendue de ſon génie ; à la tête des armées, par ſa valeur ; dans un parti, par l'eſprit d'intrigue : ce fut un caractere extrème à qui on ne peut réprocher, que d'avoir outré toutes les vertus. Sa nobleſſe dégénéra en fierté, ſa fermeté en tyrannie, ſa bravoure en témérité ſa politique en artifice, ſa confiance en obſtination. Un autre auroit peut-être ſauvé l'Etat avec un mérite ordinaire ; Marguerite le perdit par de grands talens.

L'empire qu'elle avoit pris ſur le

Roi & l'attachement qu'elle conſervoit pour la France : la foibleſſe du Prince qui avoit laiſſé perdre toutes les conquêtes de ſon prédéceſſeur, & qui paroiſſoit incapable de les recouvrer : l'adminiſtration du Duc de Sommerſet qui étoit ſans éclat & ſans probité : la corruption du Conſeil d'Etat dont les différens Membres manquoient également de réputation, de dignité, de talent ; tout cela avoit indiſpoſé la Nation & occaſionné une fermentation qui préſageoit le bouleverſement du Royaume. Les peuples paroiſſoient diſpoſés à changer de Maître ; & la Maiſon d'Yorck ſaiſit ce précieux moment pour faire valoir ſes droits.

Richard, qui en étoit le chef, avoit de l'eſprit, de la valeur, de

l'ambition. Il étoit d'une diffimula-
tion profonde , d'un fecret impénétrable, d'une fermeté auffi fupérieure aux revers qu'incapable d'inconftance. Inftruit par le paffé , &
attentif au préfent , l'avenir fe dé-
velopoit à fes yeux. Il fe connoiffoit en hommes ; il ne fe trompa
jamais dans le choix qu'il fit de fes
confidens ou de fes amis. Enfin il
avoit deux fils capables de l'aider
dans l'exécution de fes projets , &
de les pourfuivre , en cas qu'il vînt
à manquer.

Avec ces avantages le Duc
d'Yorck pouvoit réuffir : mais il parut prefque impoffible qu'il ne réuffit pas, quand il eut mis dans fes
intérêts les deux hommes d'Angleterre les plus eftimés & les plus dignes de l'être , les Comtes de Salif-

buri & de Warwik. Le pere étoit l'homme de son siecle le plus modeste, & le fils le plus magnifique. L'un étoit plus grand homme de cabinet, & l'autre avoit plus le talent de la guerre. Le premier avoit un courage prudent, le second un héroïsme qui rendoit la prudence presque inutile. Salisburi savoit s'accommoder à sa fortune, Warwick se rendoit l'arbitre de la sienne. Le vieux ne perdit jamais d'ami, le jeune ne manqua jamais aucun de ceux qu'il voulut avoir. On jugeoit l'un digne de tous les emplois qu'il avoit eus, on croyoit l'autre supérieur à toutes les places. Le pere eût été le plus grand homme d'Angleterre, si son fils ne l'eût surpassé.

Ce Triumvirat eut les suites qu'on

en devoit naturellement attendre. La perte de deux cens mille hommes, d'environ quatre-vingt Princes du Sang, de presque tous les grands Seigneurs du Royaume, furent les fruits malheureux d'une union, que, malgré tant d'horreurs, on est fâché de ne pouvoir pas trouver criminelle. Les étrangers prirent parti de ce différend, selon leur caprice ou leurs intérêts. La France fut pour la Rose-Rouge, & le Duc de Bourgogne pour la Rose-Blanche.

Henri fut d'abord défait & pris à la bataille de S. Alban. Son vainqueur le Duc d'Yorck le traita au commencement comme son maître, & bientôt après comme son esclave. Il l'obligea à convoquer un Parlement où le Prince joüa un fort mauvais rôle. Cette Assemblée compofée de tout ce que le Duc avoit de Partifans zélés déclara, que l'incapacité & la trahifon étoient les deux pivots fur lefquels portoient depuis long - tems les affaires publiques; que la Reine & le Duc de Sommerfet avoient abufé de la confiance du Roi pour bouleverfer le Royaume; que toutes les aliénations des biens de la Couronne faites par Henri depuis fon avenement au Throne feroient révoquées; que ceux qui avoient pris les armes pour tirer le Prince de captivité feroient traités comme des Citoyens qui avoient fervi l'Etat, & non comme de rebelles qui l'auroient troublé. Le Parlement finit par prier le Monarque de nommer un Protecteur qui put

donner

donner au gouvernement du Royaume des foins que fes indifpofi-
tions le forçoient à lui refufer.

Le Duc d'Yorck que les deux
Chambres avoient défigné pour
cet important emploi en fut revê-
tu. Il s'y endormit dans une fécuri-
té qui n'étoit affortie ni à fon caractere ni aux circonftances. Peut-
être étoit-il fage de cacher les prétenfions qu'il avoit au Throne jufqu'à ce qu'il eût un peu plus difpofé la Nation à changer de Maître : mais il devoit être toûjours en
garde contre les rufes & les entreprifes de fes ennemis. L'Aɛle qui
lui affûroit la dignité de Protecteur
jufqu'à ce que le Parlement l'en
dépouillât, n'étoit pas fuffifant pour
bannir toute défiance. Il étoit poffible que Henri guérît, & que la

T

Reine qui avoit vû tomber son crédit dans l'Etat, sans rien perdre de son ascendant sur l'esprit du Roi, lui fît sentir la honte des fers qu'il portoit. En effet, le Prince ayant recouvré sa santé, rassembla le Parlement, déclara qu'il étoit en état de reprendre les rênes du Gouvernement, & fit abolir le Protectorat comme injurieux à sa gloire.

Le Duc d'Yorck accablé par ce coup de foudre auquel il n'étoit pas préparé, quitta la partie. Sa retraite de la Cour combla ses ennemis de joie : mais leur triomphe fut court. Les deux factions étoient trop aigries pour suspendre long - tems leurs animosités. De nouveaux sujets de mécontentement occasionnerent la bataille de Northampton; elle fut funeste à la Reine qui ne trouva de falut que dans la fuite, & encore plus au Roi, qui fut prifonnier.

Le Duc d'Yorck apprit en Irlande la nouvelle de cette victoire qui paroiffoit décifive pour fon parti. Sur le champ il prit la route de Londres où il entra en Roi & en Conquérant. Le Parlement qu'il trouva déja convoqué ne pouffa pas la flatterie auffi loin qu'il l'avoit fait en d'autres rencontres, & fe conduifit avec autant de dignité que la circonftance le pouvoit permettre. Quoique le Duc qui s'étoit rendu dans la Chambre des Seigneurs y portât la main fur le Throne du Roi, & l'y tint affez long-tems, perfonne ne lui propofa de s'y placer. Ce filence le convainquit qu'il attendroit vainement

qu'on le priât d'accepter la Couronne, & il se détermina à dévelop-
per ses prétensions, & les raisons
qui les appuyoient.

Les droits des deux Maisons
d'Yorck & de Lancastre furent dis-
cutés dans le Parlement de l'aveu
des deux Princes qui en étoient les
Chefs. Cette discussion qui auroit
été difficile dans tous les tems l'é-
toit bien davantage dans la situation où on se trouvoit. L'Assemblée formoit des vœux pour les
deux Concurrens & ne se déclaroit
pour aucun ; on ne pouvoit refuser son admiration à l'un, ni sa
compassion à l'autre. Richard étoit
sans contredit plus digne du Throne, mais Henri l'occupoit depuis
quarante ans ; si les droits du premier étoient bien fondés, la posses-

ſion du ſecond étoit fort ancienne.
Tandis que ces différentes conſidé-
rations tenoient tous les eſprits en
ſuſpens , un ſage propoſa un tempérament qui fut approuvé , c'é-
toit que Henri garderoit la Couronne durant ſa vie , & qu'elle paſ-
ſeroit à ſa mort à Richard & à ſes
enfans : cette réſolution fut réduite
en Acte de Parlement.

On peut conjecturer avec vraiſſemblance que cet arrangement ne
répondit pas aux eſpérances que le
Duc d'Yorck avoit conçûes. Toutes ſes démarches antérieures prou-
voient viſiblement qu'il aſpiroit au
Throne ; la complaiſance qu'il eut
d'acquieſcer aux réſolutions des
deux Chambres fait voir qu'il n'y
vouloit monter que de l'aveu des
Peuples. Selon la maxime toûjours

pratiquée par les Parlemens de se déclarer pour le plus fort, rien ne lui étoit plus aisé que de se faire adjuger sur le champ la Couronne; il étoit à la tête d'une armée victorieuse à laquelle il étoit impossible de rien opposer. Ceux qui traverserent ses vûes ne le firent que parce qu'ils étoient persuadés qu'il ne voudroit pas se servir de ses avantages.

Quoi qu'il en soit, le Duc d'Yorck eut trop d'audace pour un sujet, & trop peu pour un homme qui ne prétendoit plus l'être. Après avoir aspiré au Throne, le Duc ne devoit se prêter à aucun accommodement qui l'en éloignât. Ce tempérament ne fut pas du goût d'une Nation qui est extrème. Il diminua les espérances de son parti, & releva

le courage des Chefs de la Rofe-
Rouge qui pafferent dans le camp
& fous les drapeaux de la Reine.

Cette Princeffe, fupérieure à fes
difgraces, fit paffer tout fon reffentiment, tout fon courage, tout fon
défefpoir dans leur ame. Ces armes
les rendirent invincibles, & les firent triompher de leur ennemi. Le
Duc d'Yorck & fon fecond fils le
Comte de Rulland périrent dans
une bataille qui fut livrée dans ces
circonftances: Salisbury n'échappa
à la fureur du foldat que pour porter fa tête fur un échaffaut.

L'habile Reine ne s'amufa pas à
goûter la douceur de fa victoire,
elle en pourfuivit les fruits. Warwik qui étoit dans Londres en fortit pour lui en difputer l'entrée. Un
fecond fuccès couronna le courage

de Marguerite. Le Comte fut défait, mis en fuite ; & le Roi, dont on lui avoit confié la garde fut délivré. Ce malheureux Prince recouvra tout à la fois fa liberté , fa femme , fon fils unique , fa couronne ; & s'il eût été capable de fentiment, il auroit eû la confolation de devoir tous ces avantages à la perfonne du monde qu'il aimoit le plus.

La Reine ne doutoit point que deux grandes victoires ne lui ouvriffent les portes de la Capitale. Elle s'y préfenta avec la confiance ordinaire aux Vainqueurs. Les Partifans de la Maifon d'Yorck firent habilement tourner en négociation une affaire qui auroit dû fe terminer par l'épée. Ils rallentirent les démarches de Marguerite, & hâterent celles du nouveau Duc d'Yorck.

Ce Prince, après avoir défait une armee de Lancaftriens près d'Hereford, avoit raffemblé les débris de Warwick, & marchoit à grandes journées vers Londres. Il y entra fans obftacles. Après s'être mis fierement & fans délai la Couronne fur la tête, & pris le nom d'Edouard IV. il fuivit la Reine qui fe retiroit, & qui n'avoit pas jugé à propos de hafarder une action fous les murs d'une Ville qui lui étoit contraire.

Les armées fe joignirent aux environs d'Yorck. Elles avoient toutes deux des motifs pour fouhaiter le combat, & des raifons pour efpérer la victoire. Henri, ou la Reine fous fon nom, n'efpéroit de remonter fur le Throne que par des fuccès : Edouard ne pouvoit s'y maintenir que par des triomphes. Le premier se trouvoit dans une Province qui lui étoit favorable, & où les armes avoient été deux fois heureuses : le second sur une terre rougie du sang de son pere, de son frere, & de Salisburi le plus ardent de ses amis. L'un avoit à soûtenir le désespoir de ses Partisans ; & l'autre l'orgueil des siens. Le Roi fugitif avoit plus de troupes ; mais le nouveau Roi en avoit de meilleures.

La fureur des Guerres civiles n'a peut-être jamais autant éclaté que dans cette sanglante journée. Les Anglois y combattirent avec toute la vivacité de leur Nation, & avec une opiniâtreté qui est peut-être d'un autre climat. Des deux côtés on ne songeoit qu'à vaincre ou à périr. Perſonne n'étoit occupé du ſoin de ſes jours, on ne l'étoit que de la perte de l'ennemi. Ceux qui tomboient étoient remplacés par ceux qui les ſuivoient avec un ſang froid qui ſe trouve rarement avec les grandes paſſions, mais qui les rend toûjours plus terribles. Quarante mille morts couvroient le champ de bataille; & la fortune ſembloit incertaine. Enfin Edouard & Warwick, les deux Chefs de la Faction d'Yorck, la fixerent dans leur Parti par des actions extraordinaires, qu'il n'y a que les grandes ames qui puiſſent croire. Aſſûrés de la victoire, les deux fiers Vainqueurs laiſſerent à leurs Lieutenans le ſoin de la pourſuite, & prirent en diligence le chemin d'Yorck, avec l'eſpérance d'y ſurprendre Henri & Marguerite qui s'y étoient retirés avant la bataille.

La Princeſſe inſtruite de ſes malheurs, venoit d'en partir avec ſon fils & ſon époux. Cette intrépide Reine, qui contre ſon inclination, ſes intérêts, & ſa coûtume, ne s'étoit pas trouvée à l'action, & étoit reſtée auprès de l'imbécille Roi pour le raſſûrer, ſe retiroit avec précipitation en Ecoſſe pour y attendre un meilleur tems, ou y préparer une nouvelle révolution. Cette fuite mit la gloire d'Edouard à couvert, ou la borna : peut-être auroit-il ſouillé ſa victoire ; peut-être l'auroit-il rendue plus éclatante. Son ambition & ſa généroſité donnent de la vraiſſemblance aux deux conjectures. Quoi qu'il en ſoit, il ne ſéjourna à Yorck & aux environs, qu'autant de tems qu'il en falloit, pour recevoir les foûmiſ-ſions des Vaincus, & les mettre hors d'état de les rétraĉter: il partit enſuite pour Londres.

Le Parlement fut auſſi-tôt con-voqué. Comme la victoire rend tout facile & tout juſte, cette aſſem-blée approuva ſolemnellement tout ce que le peuple avoit fait, il y avoit trois mois, en appellant E-douard au Throne, & tout ce qu'a-voit fait Edouard lui-même en y montant. Cette réſolution aſſortie aux circonſtances fut reçûe avec un applaudiſſement dont les Anglois ſont rarement prodigues, & ſuivie d'une innovation dans le Gouver-nement, dont les évenemens poſ-térieurs feront ſentir l'importance.

Il eſt certain que c'eſt ſous le

Regne de ce Monarque ; que la Chambre Baſſe a commencé à joüir de la puiſſance légiſlative. On ne ſait pas préciſément quelle année , parce que les titres qui en font foi, ſont ſans date. On conjecture avec vraiſſemblance , qu'Edouard , **par ce privilége** , voulut rendre ſon couronnement agréable au peuple, qui y paroiſſoit ſi ſenſible. Alors l'ancien ſtyle des actes du Parlement fut changé. Au lieu de dire comme autrefois, *accordé aux prieres & aux ſupplications des Communes par le Roi & les Seigneurs* , on mit : *Accordé par le Roi & les Seigneurs avec le conſentement des Communes.* Il eſt vrai que la partie du Gouvernement qu'on appelle *exécutif* fut toûjours retenue par Edouard & ſes ſucceſſeurs. L'inſpection sur l'exécution des Lois est un droit & une prérogative, inféparable de la Royauté, dont la fin est la conſervation du repos public, & l'adminiſtration de la juſtice entre tous les Membres du Corps politique. Cependant les Anglois ont encore trouvé cette autorité exceſſive : le Parlement s'eſt mis inſenſiblement en poſſeſſion de citer à ſon Tribunal tous ceux à qui le Roi a confié quelque partie de cette puiſſance.

Après les premiers jours donnés au ſoin de l'Etat, Edouard ſe livra entierement à ſon caractere. Il y avoit, ſi on oſe le dire, deux hommes différens dans la perſonne de ce Prince. Ses propres ennemis avoient admiré dans lui une élévation de ſentimens, une étendue de génie, une fierté de courage, une suite de vûes; cette activité, cette prudence, cette générosité qui avoit préparé & amené ses succès : ses amis mêmes ne virent depuis qu'un voluptueux, un indolent, un efféminé. Au-dessus de l'homme dans le cours de ses exploits, il parut au-dessous des femmes dans la suite de ses plaisirs. Il se livra à des amours de tous les genres. Il en eut de sérieux & d'enjoüés, de nobles & de bas, de vagues & de fixes, de passionnés & de frivoles. Il attaquoit toutes les femmes par esprit de débauche ; & s'attachoit pourtant à quelques-unes par des passions suivies. Trois de ses maîtresses le captiverent plus long-tems. Il étoit charmé, disoit-il, de la gaieté de l'une, de l'esprit de l'autre,

l'autre, & de la piété de la troisieme, qui ne fortoit gueres de l'E-
glife que quand il la faifoit appeller.

Ce qu'Edouard avoit éprouvé
dans le cours de fes galanteries, lui
avoit perfuadé que fa bonne mine
lui donnoit des droits affûrés fur le
cœur de toutes les femmes. Une
veuve de qualité, nommée Elifa-
beth Vodwile, qui fans beauté
avoit l'art de plaire, & à qui l'ambition tenoit lieu de fageffe, ren-
verfa ce fyftème d'amour propre.
Tout ce que le Throne a de plus
brillant, la paffion de plus vif,
l'autorité de plus fort, la profufion
de plus féduifant, fut inutilement
employé contre la fiere Vodwile.
On ne lui pût jamais arracher que
ces paroles accablantes pour un

V

amant : *Je n'ai pas affez de naiffance pour pouvoir efpérer d'être Reine ; & j'ai trop d'honneur pour m'abaiffer à être Maîtreffe.* Edouard, après avoir noüé inutilement mille intrigues pour fe guérir de fa paffion, en vint où l'adroite veuve avoit voulu l'amener. Il la couronna ; & ce mariage plongea l'Angleterre dans de nouveaux troubles.

Varwick, qui avoit paffé la mer pour demander au nom de fon Maître une Princeffe de Savoye, fentit trop vivement le ridicule du perfonnage qu'on lui faifoit joüer. Ne doutant point qu'on n'eût formé le projet de le rendre la fable de l'Europe, il conçut le deffein d'une vengeance éclatante, & il hâta fon retour pour l'exécuter. Les mécontens s'étant joints à lui, il marcha au-devant du Prince qui venoit à fa rencontre, le battit & le fit prifonnier. Trop de bonheur aveugle fouvent. Un prifonnier de cette importance ne pouvoit être trop bien gardé ; cependant il le fut fi mal, qu'il s'échappa, remit fur pié une armée, défit à fon tour Warwick, & l'obligea à fe retirer en France. Là ce grand homme affocia fa vengeance à celle de Marguerite qu'il y trouva. Il fe forma de la réunion de leurs amis un parti qui déthrona Edouard.

Ce Prince abandonna le Throne & l'Angleterre pour peu de tems. Quelques fecours qu'il trouva dans l'amitié du Duc de Bourgogne, le mirent en état de recommencer la guerre ; & avec une hardieffe qui ceffe d'être témérité dans les grands hommes, il se présenta d'abord sous les murs de Londres. Trois choses lui en ouvrirent les portes. Le Parlement, dont il avoit augmenté la puissance; les Habitans, avec qui il avoit contracté de grandes dettes; & qui étoient bien - aises que leur Créancier fût en état de les payer; les Bourgeoises, qu'il avoit honorées, & qui espéroient d'être encore honorées de ses bonnes graces. Les secours, qu'Edouard trouva dans la Capitale, le mirent en état d'aller combattre Varwick, qui fut battu & tué; le Prince de Galles périt dans une seconde bataille, & Henri VI. dans sa prison. La captivité de Marguerite acheva de pacifier l'Angleterre. Edouard libre de toute inquiétude se livra entierement au plaisir. Son affabilité lui gagna

tous les cœurs ; & la volupté cor-
rompit le sien. Il aima trop le sexe,
& en fut trop aimé. Ce goût fit
tort à sa fortune, & flétrit sa gloire.
Il commença son Regne en Héros,
& le finit en débauché.

Fin de la premiere Partie.

TABLE
DES MATIERES

De la premiere Partie du Parlement
d'Angleterre.

I. Partie.   a

C

G

G*Allois* (les) fe défendent contre les
Anglois,   203
—— Les attaquent,   205
—— Leur valeur,   206
GAVESTON, rappellé par Edouard II. 232
—— Ses qualités de l'efprit & du corps,
      ibid. & fuiv.
—— Tout puiffant fous Edouard II. 233
—— Honoré du nom de Vice-Roi, 234
—— Funeftes effets de fon orgueil, 235
—— Envoyé en Irlande, *ibid.*
—— S'allie au Sang Royal, 236
—— Sacrifié aux Grands, 237
GEORGES I. fe rend maître de la durée du
Parlement,   252
GLOCESTRE prend les armes contre Simon
de Monfort,   189
GODWIN (le Comte) favorife Edouard le
Confeffeur ; dans quelles vûes, 32
—— Souleve le peuple contre lui, 33
—— Devient médiateur entre le Prince &
les Sujets,   *ibid.*
Gouvernement trop partagé détruit l'équili-
bre,   25
Grands d'Angleterre, offrent la Couronne
à Guillaume,   41

H

Comparé

M

N

NOrmands. Remplissent la Cour d'Angleterre sous le regne de Saint Edouard,   32

— S'emparent de l'Angleterre sous leur Duc Guillaume,   39

— Comment en usent avec les Anglois,   43 *& suiv.*

— Favorisent leur rébellion,   47

— Préférés en tout aux Anglois,   52

— Disposent de la Couronne après la mort de Guillaume II.   63

— S'unissent aux Anglois pour détruire le Despotisme,   81

— Inconséquence de leur conduite, *ibid. & suiv.*

O

ORLETON s'unit avec deux Rebelles,   252

— Son caractere,   253

Oxford. Henri III. y assemble les Grands,   167

— (Expédiens d') éprouvent des contradictions,   169

— Il s'y tient une seconde Assemblée,   174

R

Fin de la Table de la première Partie.

ERRATA.

Page 211, ligne 4 : Edouard, *ajoûtez*, qui.

Page 268, ligne 11 : difpofition, *lifez*, dépofition.

Page 269, ligne 2 : *lifez*, rid.cules & furannées.

Page 272, ligne 18 : avoit régné, *lifez*, auroit régné.

www.ingramcontent.com/pod-product-compliance
Lightning Source LLC
LaVergne TN
LVHW021225170726
843501LV00003B/672